Watershed · Transportation · Community
A Study of Traditional Village Form in West Beijing

流域·交通·集群
京西传统村落空间形态研究

王 鑫　吴艳莹　张盼盼　著

华中科技大学出版社
http://press.hust.edu.cn
中国·武汉

图书在版编目（CIP）数据

流域·交通·集群：京西传统村落空间形态研究 / 王鑫，吴艳莹，张盼盼著. —武汉：华中科技大学出版社，2022.11

ISBN 978-7-5680-8773-5

Ⅰ.①流… Ⅱ.①王… ②吴… ③张… Ⅲ.①村落－空间结构－研究－北京 Ⅳ.①K921.5

中国版本图书馆CIP数据核字（2022）第200844号

流域·交通·集群：京西传统村落空间形态研究　　　　王鑫　吴艳莹　张盼盼　著
Liuyu · Jiaotong · Jiqun : Jing Xi Chuantong Cunluo Kongjian Xingtai Yanjiu

出版发行：	华中科技大学出版社（中国·武汉）	电话：（027）81321913
地　　址：	武汉市东湖新技术开发区华工科技园	邮编：430223

策划编辑：贺　晴	封面设计：王　娜
责任编辑：贺　晴	责任监印：朱　玢

印　　刷：	武汉科源印刷设计有限公司
开　　本：	710mm×1000mm　　1/16
印　　张：	13
字　　数：	214千字
版　　次：	2022年11月第1版第1次印刷
定　　价：	78.00元

投稿邮箱：heq@hustp.com
本书若有印装质量问题，请向出版社营销中心调换
全国免费服务热线：400-6679-118竭诚为您服务
版权所有　侵权必究

北京市自然科学基金（8192031）、北京市社科基金（17SRC022）资助

目录

1 研究缘起与概念限定 1
    1.1 研究背景 1
    1.2 京西地区的形成与人们对它的认知 9
    1.3 交通廊道的构成 25
    1.4 小结 33

2 京西传统村落的空间特征 35
    2.1 村落概况 35
    2.2 空间分析逻辑 41
    2.3 多元要素 43
    2.4 小结 70

3 流域之中的传统村落共生 71
    3.1 取水营田 71
    3.2 水利营建 82
    3.3 滨水营城 86
    3.4 小结 89

4 交通衍生的村落公共空间 90
    4.1 交通廊道与多尺度衔接 90
    4.2 永定河与村落耦合 93
    4.3 古道与村落耦合 102
    4.4 铁路与村落耦合 114

4.5 公路与村落耦合	118
4.6 小结	123

5 变迁中的村落公共空间   124

    5.1 村落空间的交通媒介：融通与分流　　124

    5.2 公共空间形态："自由"与"规整"　　129

    5.3 公共空间功能："主导"与"多元"　　142

    5.4 小结　　148

6 村落案例解析   149

    6.1 琉璃渠村的公共空间　　149

    6.2 滨水沿道的东石古岩村　　159

    6.3 王平镇村落集群的文化记忆　　165

7 多要素协同下的村落集群保护   173

    7.1 村落人居环境现状　　173

    7.2 保护利用中的现实问题　　178

    7.3 保护利用的适应性策略　　180

    7.4 小结　　186

附　录   187

    A-1　北京市"中国传统村落"列表　　187

    A-2　北京市第一批市级传统村落　　188

    B-1　门头沟区区级文物保护单位（第一批至第五批）　　190

    B-2　门头沟区不可移动文物（寺庙）　　196

1 研究缘起与概念限定

我国持续推进文化体系建设战略，制定了2035年建成文化强国的发展目标。2021年，中共中央办公厅、国务院办公厅印发了《关于在城乡建设中加强历史文化保护传承的意见》，明确"各时期重要城乡历史文化遗产得到系统性保护"，实现"空间全覆盖、要素全囊括"，构建"融入生产生活的……线路、廊道和网络"。

加强传统村落保护、建立多层级多要素体系、传承历史文化，是建设文化强国的重要内容。在区域视角下，将水系、交通、集群等要素协同研究，具有三个方面的价值。其一，具有研究对象的普适性，村落数量多、分布集中的片区广泛存在，亟须进行理论指导；其二，具有回应现实的实践性，传统村落属于"乡土建成遗产"，其保护蕴含"可持续利用与管理"[1]，体现了居住主体、遗产本体、资源要素的互动关系；其三，具有理论整合和方法拓展的创新性，传统村落具有"多尺度"（multi-scale）聚居特征，需要多学科方法的联合。故而从流域文化、交通路学、聚落集群等视角切入，对京西传统村落展开整体性分析。

1.1 研究背景

1.1.1 流域文化与区域视角

流域文化和农业聚落相辅相成，传统村落的研究离不开对流域水系的认知和解读。自中国传统村落调查工作的全面启动开始，国内对传统村落的研究如雨后春笋般涌现。

---

[1] 陆地. 不可移动文化遗产"保护"话语的寓意[J]. 建筑学报，2021（2）：104-110.

起初，人们的研究主要针对村落个体或是多个村落点展开，意在挖掘村落本体的价值特性，包括传统民居、空间形态、景观风貌等内容，或是基于现实问题，提出传统村落保护发展策略[1][2][3]。尽管其中不乏以行政区域或民族地区为背景展开的传统村落研究，但其仅属于多个单元的叠加，本质仍是围绕村落这个独立的个体展开。

文化与文明互为表里，流域文化是流域文明（river valley civilization）的"具体存在模式"（林坚，2014）。流域文化的形成，体现了农业社会的发展成熟。顾名思义，流域文化依托于水系周边的聚落而形成，得益于水系的哺育而形成、生长、发展。根据水系及其衍生流域的资源禀赋和空间边界，支撑多尺度的定居聚落点，并形成相应的社会生活与组织模式，表现为建成环境发展、社会分层、劳动专业化、交流传播等实施方式。在流域环境中，河流为居民提供了可靠的饮用水、水生食物、农业用水等资源。此外，最早的交通廊道亦从水上开展，使得人类能够完成跨区域的流动。在世界范围内，人类的早期文明均在河谷地带形成。

针对近年来的学术研究进行整合分析，可以看到，随着"生态文明"理念逐渐深入人心，在2007年，"流域文化"相关研究进入一个新的阶段，成果数量较上一年度增长了约51%。近30年来，成果分布呈现出显著的地域特征。立足地域水系的论文研究占到了总体的48.5%，其中以黄河流域、淮河流域、长江流域、黑龙江流域为主题的论文位列前四位。在2019年以后，随着黄河流域生态保护和高质量发展工作的开展，相关研究呈现出新一轮的高涨（图1-1）。

在全国范围内，将河流分布及线密度（linedensity）情况与全国6819个"中国传统村落"相叠合可以发现，它们之间呈现出错位关系，即水系密度最高的黄河下游、淮河及长江下游，现存传统村落数量较少且聚合程度较低。而在小流域范围内，也会呈现远

---

[1] 陶伟, 陈红叶, 林杰勇. 句法视角下广州传统村落空间形态及认知研究[J]. 地理学报, 2013, 68（2）: 209-218.

[2] 傅娟, 许吉航, 肖大威. 南方地区传统村落形态及景观对水环境的适应性研究[J]. 中国园林, 2013, 29（8）: 120-124.

[3] 曹玮, 胡燕, 曹昌智. 推进城镇化应促进传统村落保护与发展[J]. 城市发展研究, 2013, 21（8）: 34-36.

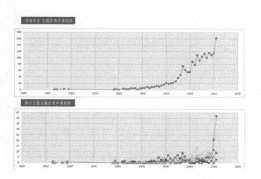
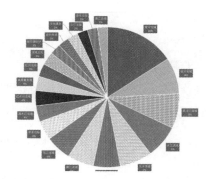

图 1-1 "流域文化"主题研究的可视化分析
（来源：中国知网）

离干流、亲近支流的现象。对其进行数量化分析，梳理水系与村落的空间耦合关系，有助于厘清聚合原因，并为当代的村落集中连片保护利用提供支撑。

当下，人们对传统村落的认识更加深入，研究视角逐渐从个体转向区域。这种区域不单单是划定一个地域范围，还是要与村落整体产生关联的自然域或文化域。例如，曹象明以山西省明长城沿线的军事堡寨历史演化分析为基础，立足于区域遗产保护的理念，探索军事堡寨与明长城之间的空间关系，并提出军事堡寨的保护利用途径[1]；杨宇亮以滇西北的大理、丽江、迪庆、怒江四个地州为研究范围，并根据自然地理边界将研究范围划为独龙江、怒江、澜沧江、金沙江、元江五大流域，从地理、历史、民族三个角度，系统探讨了村落文化景观的空间分布和演进规律[2]；邹伦斌通过对黔东南地区侗族传统文化和聚落空间的调查，挖掘黔东南地区侗族的核心文化基因，并对乡土聚落空间形态特征进行总结，进而探索文化基因对聚落空间形态特征的影响[3]。还有诸如以大运河、丝绸之路、地方流域等为背景展开的聚落研究，这种从单一对象走向区域性的整体分析，不仅扩大了研究范围，而且综合了多个学科领域，从宏观到微观，从多个层面去看问题，深化了传统村落的文化内涵。

---

[1] 曹象明. 山西省明长城沿线军事堡寨的演化及其保护与利用模式[D]. 西安：西安建筑科技大学，2014.
[2] 杨宇亮. 滇西北村落文化景观的时空特征研究[D]. 北京：清华大学，2014.
[3] 邹伦斌. 文化基因视角下的黔东南侗族乡土聚落空间形态解析[D]. 西安：西安建筑科技大学，2016.

以流域作为传统村落背景的研究，是从流域的重要性出发的，因为它既是自然资源的群集单元，也是文化多样性的承担单元，更是我们认识社会的一种方式。国内关于流域内村落的研究主要分为两个方面：一是基于地理学、景观学相关理论，运用GIS、SPSS等工具，分析一定流域范围内村落的空间分布特征，总结影响村落空间分布的因素，并进行类型划分[1][2]；二是基于人类学的视角，对流域内村落展开田野调查，将村落的空间、历史、文化与互动交往放在流域的时空演进中，通过流域本身的自然、历史和文化要素，探索人、村落、河流三者之间的关联，追溯流域之中所发生的种种故事、留存的遗迹及动态的变化。汪芳团队从区域视角切入，持续关注黄河流域的人居环境建构，并对传统村落的适应性机制进行总结，在单元、空间结构、动态趋势等维度上进行探索[3]；孟祥晓以卫河流域为中心、以水患为切入点，从水患与华北平原村落的迁移、分合及村落的防水设施等方面入手，探讨灾害型裂变村落变迁的方式、特点与规律[4]。

村落是社会学、地理学、人类学等领域的经典研究对象，如施坚雅（G. William Skinner）将"中心地理论"引入区域空间体系的建构，以乡村作为基本单元形成"基层市场共同体"；杜赞奇（Prasenjit Duara）则进行了批判性探索，依托"文化网络"实现村落内外的社会组织[5]。此外，以费孝通为代表的部分学者，试图将村落研究拓展到更大的区域范围[6]。近年来，以流域为单元展开的人类学研究逐渐兴起，2014年，以田阡教授、龙宇晓教授为代表的人类学团队，率先提出流域人类学的研究范式。流域是"以河流为中心的人-地-水相互作用的自然-社会综合体，以水为纽带，将上中下游和左

---

[1] 靳亦冰，侯俐爽，王嘉运，等. 清涧河流域传统村落空间形态特征及其与地域环境的关联性解析[J]. 南方建筑，2020（3）：78-85.

[2] 陈君子，刘大均，周勇，等. 嘉陵江流域传统村落空间分布及成因分析[J]. 经济地理，2018，38（2）：148-153.

[3] 汪芳，薛鹏程，刘钊，等. 变化中的适应还是适应中的变化？传统村落政策对区域景观系统适应性的影响研究[J]. 中国园林，2021，37（10）：16-21.

[4] 孟祥晓. 水患视野下清代华北平原村落的分合与内聚——以卫河流域为中心[J]. 郑州大学学报（哲学社会科学版），2016，49（3）：120-125.

[5] 邓大才. 超越村庄的四种范式：方法论视角——以施坚雅、弗里德曼、黄宗智、杜赞奇为例[J]. 社会科学研究，2010（2）：130-136.

[6] 田阡. 村落·民族走廊·流域——中国人类学区域研究范式转换的脉络与反思[J]. 社会科学战线，2017（2）：25-30.

右岸的自然体和人类群体连接为一个不可分割的整体,在人类生活世界的本体系统中具有十分重要的地位"。Rup Kumar Barman 在对莱达克(Raidak)河的研究过程中,探讨在历史语境中人与河流的相互作用,莱达克河被不同语言地区拟人化为母亲、守护神等形象,这对于当地的传统节日和宗教文化都具有重要意义[1]。流域是整合了各种要素的集群单元,基于地理维度,流域是指河流干流和支流所经过的地方,属于自然空间;基于文化维度,河流在传统文化中具有象征意义[2],形成当地的情感纽带和身份认同[3]。所以,临河而居可以被看作人类的一种思维模式和文化行为[4],人类在认知环境、利用环境和改变环境的基础上,形成对聚落空间的表达[5]。流域作为一种认知范式,扩大了以往基于村落本体的研究视角,可以勾勒出传统村落自身,以及村落与环境的动态关系。

1.1.2 交通廊道与路学

交通廊道的建设古已有之,早在古罗马时期和汉代,即通过交通建设助力行政管理和社会经济,并促进了文化传播(王子今,2018)。白寿彝先生 1937 年著有《中国交通史》,详尽整理了古典文献中历代交通路线、设施、制度等内容。

2008 年,国际古迹遗址理事会通过了《文化线路宪章》(*The ICOMOS Charteron Cultural Routes*),认为文化线路具有互动、动态、演变的属性,体现了时间维度的持续、空间维度的跨越、文化维度的融合。

---

[1]Rup Kumar Barman. From the Wang Chhu to the Dudhkumar: A History of the Raidak River[J]. The Mirror, Journal History, 2020(7):62-83.
[2]王易萍.水的文化隐喻及认同变迁:西江流域水文化的人类学研究[J].广西民族研究,2014(1):46-52.
[3]Arifin Z, Gani M H, Thamrin T. Implication of Classification of Land Typeson the River Bankson the Layout of Settlements Planning: A Case of the Ogan Ulu Community in South Sumatera, Indonesia[J]. International Journal of River Basin Management, 2021: 1-10.
[4]Sabira Ståhlberg, Ingvar Svanberg. WhenIsa Foraging Society? The Loplikin the Tarim Basin [M] Hunter-Gatherersina Changing World. Springer International, 2016: 21-39.
[5]BowenW. M., GleesonR. E. The Evolution of Human Settlements: From Pleistocene Origins to Anthropocene Prospects [M]. Palgrave Macmillan, 2018.

文化线路依托交通廊道，具有多尺度特征，体现了跨区域遗产保护的理念。李严、李霖芝以丝绸之路、万里茶道、长城等为线索，解析沿线聚落价值[1][2]。丁援、宋奕对我国已列入世界遗产名录的线路遗产进行梳理，归纳出规模宏大、类型众多、功能持久的特点[3]。郭璇、杨浩祥辨析了线路的社会属性与遗产属性，探讨地域特征与体系建构如何平衡，保护工作与社会发展如何并行[4]。

文化线路衍生出遗产地理分区、价值识别、文化叙事等议题，2010年以来"路学"领域受到关注。路学研究源于道路空间，后来拓展至各类交通廊道。道路作为重要的交通基础设施，是人类社会生活的重要载体，与"走廊"和"流域"共同构成了聚落研究网络[5]。路学研究探求道路与社群空间、生活习俗、生态环境的关系，并在不同维度上影响聚落内外连接、社会组织、体系建构[6]。2014年，首届"路学"工作坊由周永明发起，在重庆大学举行。工作坊以"道路、文化和空间"为主题，解析道路沿线社群、生活、景观，以及蕴含其中的流动性、可达性、连接度等要素。此后，该项活动连续举办三届，研究视野延伸到水路文化、乡村建设、空间生产等议题。

既往线路遗产研究多关注邮传、驿路、水陆驿站等体系，呈现两种趋向：一是技术，如廊道空间的建设、交通工具的迭代；二是文化，梳理沿途风土人情和社会生活，总结文化特征、辨析地域异同。2006年以来，铁路作为线路遗产中的特别类型受到关注，通过发掘廊道潜力、利用既有站点、衔接城区与郊野等方式开展保护研究[7]。

既有研究面向多个样本宏观时空特征的分析较多，部分地区正在进行集中连片保护

---

[1] 李霖芝, 张定青. 中国文化线路沿线聚落研究进展——基于知网数据的文献综述[J]. 小城镇建设, 2021, 39（11）: 50-56+94.

[2] 李严, 姚旺, 张玉坤, 等. 丝路聚落与明长城聚落的比较研究[J]. 新建筑, 2020（6）: 127-131.

[3] 丁援, 宋奕. 中国文化线路遗产[M]. 上海: 中国出版集团东方出版中心, 2015.

[4] 郭璇, 杨浩祥. 文化线路的概念比较——UNESCO WHC、ICOMOS、EICR相关理念的不同[J]. 西部人居环境学刊, 2015（2）: 44-48.

[5] 黄睿, 吕龙, 黄震方. 路学视角下公路交通对旅游地的影响维度与机制研究[J]. 人文地理, 2021, 36（1）: 174-182.

[6] 周大鸣, 廖越. 聚落与交通："路学"视域下中国城乡社会结构变迁[J]. 广东社会科学, 2018（1）: 179-191.

[7] 唐怀海. 利用既有铁路发展市郊铁路的思考与建议[J]. 中国铁路, 2020（5）: 1-4.

利用示范试点，但是缺乏对村落聚合模式的理论探讨。基于传统村落地域、民族、文化特征进行聚合区划等已有初步探索，但是关注交通廊道的仍较少，尚未形成依托流域文化带、遗产廊道或其他重要文化遗产的关联耦合保护体系。

1.1.3 京西地区的研究

在中心城区强大的吸引作用下，北京的传统村落面临着许多现实问题：历史文化价值与现实发展的矛盾、村落职能定位与产业的转型、空间形态的保护与文化的更新等。针对这些问题，北京市制定了一系列的政策，也开展了相关的研究与保护发展工作，但目前面临的形势仍十分严峻，存在着许多的问题。

自 2012 年起，国家在全国范围内开展了传统村落调查活动，并制定了一系列的规范政策，为传统村落的认定工作和保护体系的建立提供了依据。北京市作为全国的文化中心，传统村落是北京历史文化名城保护的重要组成部分。所以，北京针对传统村落制定了许多相关政策，发布了《北京市传统村落保护发展规划设计指南》《北京市传统村落修缮技术导则》等文件，旨在保护北京市传统村落的风貌和历史文化，规范传统村落中建筑的修缮和改造行为。

2017 年 2 月，习近平总书记视察北京并发表重要讲话，其中强调：要加强对"三山五园"、名镇名村、传统村落的保护和发展。因此，北京市在新一版的城市总体规划中提出构建"四个层次、两大重点区域、三条文化带、九个方面"的历史文化名城保护体系，其中，"西山永定河文化带"作为三条文化带之一，与传统村落有着密切的关联，这将为未来北京传统村落的保护与发展提供一个新的思路，从永定河出发，探讨各个村落之间的联系，为北京传统村落和永定河文化的保护与传承提供有效的方法。

从地域上来看，对北京传统村落的研究主要集中在京西地区，如门头沟区、房山区。从对象上来看，主要分为两个方面：一是以单个村落为主体，对其物质空间和文化内涵进行全面分析，总结其价值特征，并提供相应的保护发展策略；二是以传统村落群为切入点，将一定区域内的村落整合起来，分析其空间分布特征、历史文化环境、内部空间形态等内容。

北京传统村落研究属于中国传统村落研究的子集，从个案描述到规律分析不断深化。

其中，京西地区村落样本分布较集中，自20世纪90年代末期，对村落典型民居的研究逐渐增多。2000年前后，爨底下村（又名川底下村）受到多方关注，业祖润、李先逵、欧阳文等基于价值认定、保护策略、利用方式等展开研究[1]。2003年，首批中国历史文化名村名录公布，爨底下村被收录其中。2005年之后，灵水村、韭园村、马栏村等村落也逐渐进入学者视野，灵水村与琉璃渠村被列为第二批和第三批中国历史文化名村。2007年，孙克勤采用"京西古村落"的概念[2]，关注乡土文化遗产整体性特征。2010年以后，包括京西古道、香道、铁路等在内的遗产要素，也逐渐被学者所关注，与村落一同参与建构文化遗产体系。近十年来，相关研究表现为三种趋向：一是继续以村落单元样本为主体，综合应用社会学、地理学、历史学的方法探讨样本在当代的空间演化[3][4]；二是综合式的体系论述，旨在建立地域性与适应性耦合的分析框架[5][6]；三是面向特定概念或问题导向式的研究，尤其是产业与人口对村落的影响机制[7]。

对于单个村落的研究，从宏观的角度来看，往往具有局限性，我们应以"传统村落集群"为出发点，综合分析某一地域内的村落，这对于研究其地理环境、空间格局、历史沿革、文化特征和保护发展策略更具有意义。对于北京市来说，目前对传统村落群的研究仍集中在门头沟区。京西门头沟位于太行山脉，永定河穿流而过，同时这里还是历史上重要的交通要道和军事要塞。由于这种地理环境和地域文化，门头沟区孕育了大量的传统村落。在已公布的22个中国传统村落和44个市级传统村落中，门头沟区分别占有57%和31%。由于门头沟区聚集有大量的传统村落，所以形成了"京西传统村落群"的概念，这对于其整体的保护和利用有着重大意义。

---

[1] 业祖润. 现代城镇建设与古村文化保护——北京川底下古村价值与保护探析[J]. 小城镇建设，2000（9）：64-68.

[2] 孙克勤. 解读京西古村落的文化遗产[J]. 北京规划建设，2007（1）：166-169.

[3] 王鑫，吴艳莹，张盼盼. 日常生活视角下的京西南传统村落公共空间研究[J]. 住区，2020（Z1）：86-91.

[4] 高璟，赵之枫，苗强国. 传统村落庙宇功能、选址与空间关系研究——以北京门头沟为例[J]. 小城镇建设，2020，38（7）：63-71.

[5] 陆严冰. 基于历史文化环境研究建立京西古村落体系[J]. 北京规划建设，2014（1）：72-79.

[6] 张大玉. 北京古村落空间解析及应用研究[D]. 天津：天津大学，2014.

[7] 荣玥芳，梁妍，蔺建兰. 北京延庆慈母川村：乡土文化视野下旅游型传统村落空间优化策略研究[J]. 北京规划建设，2021（2）：77-82.

1.2 京西地区的形成与人们对它的认知

广义上的京西地区包括门头沟区和房山区，以及昌平区的一部分，北至居庸关和南口以南，南至大石河和北拒马河之间的区域。狭义上来讲，"京西"专指门头沟区的大部分区域，与历史上的"京西古道"所覆盖的片区相吻合。为明确所指对象，本书采用后一种方式，以门头沟区为研究的空间限定域。

1.2.1 山水环境

京西地区山环水绕，共有山峰 160 余座，包括灵山、百花山、妙峰山等。该区域海拔高度最高可达 2303 m（图 1-2）。境内受到海河水系、大清河水系和北运河水系哺育（图 1-3），永定河是区域范围内最大的过境河流。河流在西山沟峪之间蜿蜒穿行，从三家店村附近出山继续向南流淌，沿途有狮子沟水、刘家峪沟、龙门沟水、石岩沟、清水河（即灵源川）、田寺河、达摩沟、灵桂川、黄岩沟、清水涧、苇甸沟、樱桃沟、军庄沟等支流注入。[1]

清人吴长元在《宸垣识略》的"形胜"篇章中如此记述，北京所处之地"无风以散之，有水以界之"，适宜营城建都。自唐虞"幽都"始，夏殷归属"冀地"，周曾分封尧后、召（shao）公于蓟、燕，此后有广阳、范阳、燕山、大兴、北平等称谓，所辖之地亦有变化。

北京一带有约三千年的建城史。1907 年，美国学者 Bailey Willis、Elliot Blackwelder 和 R. H. Sargent 立足区域维度，将三面环山的平原地带描述为"北平湾"[2]——侯仁之先生转引了该表述方式，认为北京地处"两河之间"，是山、水、城、路等空间要素整合协同的产物，还是华北平原与北方山地之间"陆路交通线"上的"焦点"（图 1-4）。

---

[1] 尹钧科，吴文涛. 历史上的永定河与北京 [M]. 北京：北京燕山出版社，2005：54-59.
[2] 韩光辉在《北京城市史·历史人口地理》（2016）中采用了"北京小平原"的说法。

图 1-2　京西地势图示
（来源：自绘）

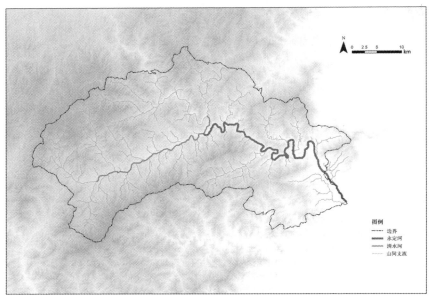

图 1-3　京西水系分布
（来源：自绘）

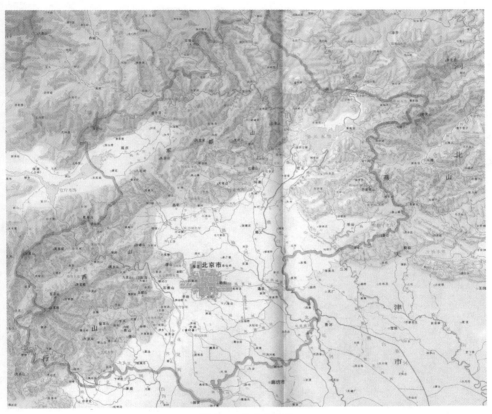

图 1-4 北京市地势
（来源：引自《北京历史地图集》）

严耕望在《唐代交通图考·河东河北区》（1986）中，通过梳理《通典》《元和志》《太平寰宇记》等史料志书，对幽州（包括今北京、天津与河北部分地区）与其西北和西南地区的交通联系进行了系统整理（图1-5）。

幽州"西北取妫（gui）州路，折西南经蔚、代、太原府，为通长安之一道"。彼时作为"北疆防御之第一"重镇，所谓"居庸南之幽州"，与毗邻之定州、易州等地均为交通要冲、关防要塞。此外，幽州还是太行东麓南北驿道的重要节点，向西南途经易州、定州、恒州、邢州、相州等地，与洛阳相接。

吴文涛等在《北京城市史环境交通》（2016）中，梳理了先秦燕都以来北京与外部

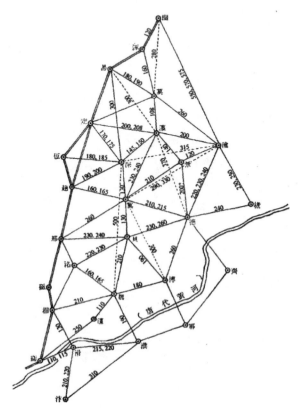

图 1-5 唐代黄河以北、幽州以南相邻诸州相距图示
（来源：引自《唐代交通图考·河东河北区》）

环境的交通联系，称之为"控御海内的陆路交通"。随着金中都、元大都、明清都城的渐次建设，北京经历了从交通"末端"向核心"枢纽"的转型。

永定河发源于山西省宁武县管涔山，流经山西、内蒙古、河北、北京、天津五省市，是海河水系北系最大的河流。其上游有两大支流，南为桑干河，北为洋河，两河于河北省怀来县汇合后，开始被称为永定河。永定河自官厅水库向南流入北京市，经门头沟区、石景山区、丰台区、房山区、大兴区后流出市境。永定河北京段全长约159.5 km，是北京市最大的河流。永定河源流及由水系和长城限定的京西地区如图1-6、图1-7所示。

京西地区的环境变化与历史沿革相互交织，体现于山水之名的变迁中。根据侯仁之

1 研究缘起与概念限定

图 1-6 永定河源流全图局部
（来源：原图绘制于清乾隆年间，印刷品由北京华艺斋提供）

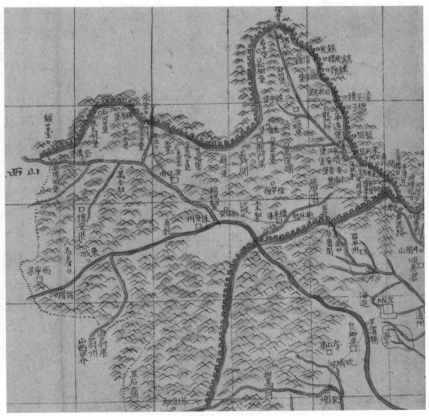

图 1-7 由水系和长城限定的京西地区
（来源：引自《皇舆全览分省图之直隶舆图》）

所著《北京历史地图集》，先秦时期永定河名为"治水"，东汉时期被称为灅（lei）水。在《说文解字（第十一卷）·水部》中对"灅"解释如下，"灅，水出鴈（同'雁'）门阴馆累头山，东入海，或曰治水也"。《水经》与《水经注》均沿用该称谓，"灅水出于累头山，一曰治水。泉发于山侧，沿坡历涧，东北流，出山，迳阴馆县故城西……灅水又东北流，左会桑干水……灅水自南出山，谓之清泉河"。灅"从水，累声，力追切"，因累头山而得名。[1] 灅水在经过阴馆县（西汉置县，位于今山西省朔州市夏关城村附近）后，与上游的桑干河汇合，随即向东北方向流去。

水依山而行，自西向东冲出山地，形成了今日北京西郊山野与中部平原之势。《山海经（第三）·北山经》中记述，"北百二十里，曰燕山，多婴石。燕水出焉，东流注于河"。此外，《山海经（第十八）·海内经》提到，"北海之内，有山，名曰幽都之山，黑水出焉"。[2] 据孙东虎解读，"燕山"为京西南地区的"大房山"一带，因西周燕国封地而得名。"黑水"即永定河，与古典文献中所言治水、浴水、灅水，以及金代"卢沟"等皆为同一所指。[3] 隋唐时期，永定河上下游统称为桑干河。在近代以前，永定河无论被称作灅水，还是桑干河，其命名都与源头相关，此项规律在金朝中都建立后发生了改变（图1-8）。

宋、辽时期，永定河除了被称作桑干河以外，又被称为"卢沟河"，两个名称往往并用。然而，金、元时期，永定河上游仍称作桑干河，下游则专称为卢沟河。"卢"有黑色的意思，故而卢沟河又被称作黑水河。永定河一改"清泉河"之美誉，反映了其水质变化。《金史·河渠志》曾记载："泥淖淤塞，积滓成浅，不能胜舟。"[4] 之所以出现这种情况，主要是因为北京城市地位的上升，各项人类活动和城市建设愈发活跃，对于土地和森林的需求也不断增长。过度开垦和砍伐，使得永定河中上游流域水土流失严重，直接导致了水质的恶化。更严重的是，永定河开始泛滥成灾，水患日益严重。

元、明时期，永定河又被称作"小黄河""浑河"。彼时，大量泥沙沉积河中，使

---

[1] 陈琮纂，永定河文化博物馆整理.（乾隆）永定河志 [M]. 北京：学苑出版社，2013：194-195.
[2] 袁珂校注. 山海经校注 [M]. 北京：北京联合出版公司，2014：87，388.
[3] 孙冬虎.《山海经》中的北京山水名称 [J]. 中国地名，2016（2）：14-15.
[4] 金史（卷二十七）·河渠志 [M]. 北京：中华书局，1975.

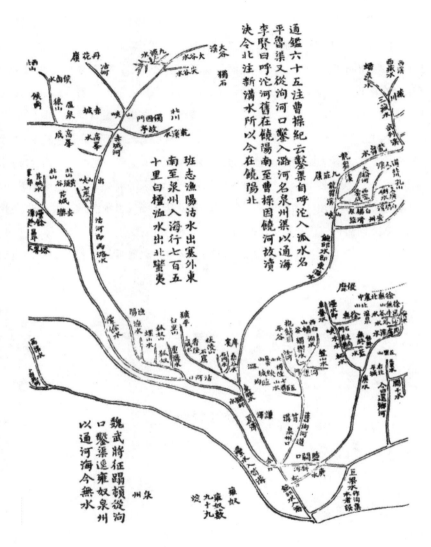

图 1-8　灅灅余沽鲍丘濡五水图
（来源：引自《水经注图》）[1]

---

[1] 郦道元原著，汪士铎图，陈桥驿校释. 水经注图 [M]. 济南：山东画报出版社，2003：53.

得永定河下游淤堵严重，河道常常"摆动"，因此又被称作"无定河"。[1]直到清康熙三十七年（公元1698年），"赐名永定"。《清史稿·河渠志》记载："永定河亦名无定河，即桑干下游。源出山西太原之天池，伏流至朔州、马邑复出，汇众流，经直隶宣化之西宁、怀来，东南入顺天宛平界，迳卢师台下，始名卢沟河，下汇凤河入海。以其经大同合浑水东北流，故又名浑河，《元史》名曰小黄河。从古未曾设官营治。其曰永定，则康熙间所赐名也。"[2]据《明熹宗实录》《（康熙）通州志》《清圣祖实录》等史料资料，永定河曾多次泛滥，不仅波及沿岸地区，更泛滥至城门之内。[3]清光绪《顺天府志》记载，"宛平县治西南、卢沟桥西北修家庄、三家店等处，引永定河水泄之，村南沙沟不粪而沃"。永定河上游横贯宛平县境，沿岸的多个村落都曾设管开渠、引水灌田，大大推动了当地农业发展。永定河名称变化及历史遗迹如图1-9至图1-13所示。

京西地区曾分布有森林和草地，据《水经注》记载，永定河上游途经之地"夹塘之上，

图1-9 永定河名称变化
（来源：自绘）

---

[1] 吴文涛. 历史上永定河筑堤的环境效应初探[J]. 中国历史地理论丛，2007（4）：13-20.
[2] 清史稿（卷一百二十八）·河渠志三·永定河[M]. 北京：中华书局，1977.
[3] 姚孝迭. 对永定河历史洪水几次波及北京城区的探讨[J]. 海河水利，1999（1）：46-47.

1 研究缘起与概念限定

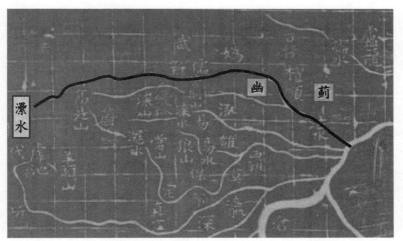

图 1-10 灅水
（来源：引自《禹迹图》[1]）

图 1-11 桑干河
（来源：引自《广舆图》[2]）

---

[1]《禹迹图》为宋代石刻拓片，于 12 世纪初期完成，将山川州郡雕刻于石碑上。在这幅石刻地图上标出了 500 多个地名，被李约瑟称为宋代制图学的"最大成就"。
[2]《广舆图》为明代著名制图学家罗洪先所作，以元朝朱思本的《舆地图》为基础，采用"计里画方"的方式将南北两直隶、十三布政司、九边等全部绘制于图中。

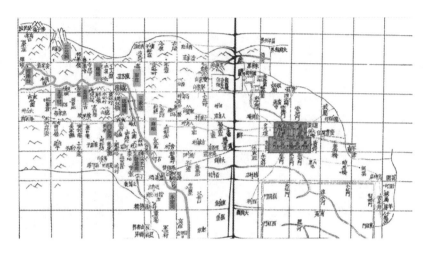

图 1-12 永定河
（来源：根据《畿辅通志》宛平县图改绘）

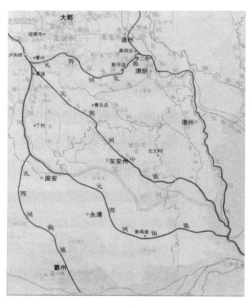

图 1-13 元代永定河下游河道变迁图
（来源：引自《永定河与北京》）

杂树交荫""林渊锦镜,缀目新眺"[1]。《畿辅通志》称,"磅礴数千里,林麓苍勤,溪涧镂错……神皋奥区也""晴云碧树,花香鸟声""奇峰怪石,幽泉邃壑,茂林澄湖"[2]。现存大量地名或村名,体现出与森林、山岭、沟峪的联系,如柏峪、东胡林、西胡林、桑峪、樱桃沟、桃园、椴木沟、梨园岭、梨树台等。正由于其丰富的山水资源,京西地区一度成为北京城市建设重要的材料来源地。

元代时期,矾山、蔚州、定安等地都设有负责砍伐林木的机构,并委派官员专督伐木。有一幅古画《卢沟运筏图》(图1-14),反映的就是从永定河上游砍伐林木,然后将木材顺河水漂运至卢沟桥,再运往都城的情景。除了木材,石料、煤炭的需求也日渐增多。在《顺天府志》关于各州县土产的记载中曾写到,宛平县所供材料有"七宝良磁""琉璃""石炭煤""水火炭""画眉石"等[3]。并且早在宋代年间,朝廷就设有名为"养种园"的官署,其职责之一就是"掌西山淘煤,羊山烧造黑白木炭,以供修建之用"[4]。"羊山"一作"仰山",位于今门头沟上苇甸一带,其附近分布有上苇甸、苇子水、炭厂等村落,从名称上来看,"苇""炭"等字均与烧制相关,可以推测这些地方都曾作为烧炭、烧灰基地而存在。

图1-14 《卢沟运筏图》
(来源:引自《山河·家国——西山永定河文化展》,现藏于中国国家博物馆)

---

[1] 水经注·卷十三·灅水 [M] 北京:商务印书馆,1958.
[2] 畿辅通志(卷十七)·山川 [M]. 上海:上海古籍出版社,1991.
[3] 顺天府志(卷十一)·宛平县 [M]. 北京:北京大学出版社,1983.
[4] 孙冬虎. 元明清北京的能源供应及其生态效应 [J]. 中国历史地理论丛,2007(1):134-144.

1.2.2 地域文化

京西地区因地理区位、自然资源、风光景致等，形成了独特的地域文化，对聚居营造、崇祀民俗、军事防御、商贸驿道、矿产工业等生产与生活行为产生了深远影响。此地崇祀行为历史久远，寺庙类型多样。百花山、妙峰山、灵山等都建有寺庙组团。潭柘寺始建于西晋时期，是北京修建最早、规模最大的佛教寺庙；戒台寺被称为北方佛教律宗中心，有"天下第一坛"的美誉；妙峰山娘娘庙则是传统民俗文化和日常生活的重要载体，顾颉刚、孙伏园、容庚等曾在20世纪20年代体验并记录了朝山拜顶的盛况。

京西地区煤炭资源丰富，至今已有上千年的采煤史。在辽代以前就开始了对煤的使用，龙泉务瓷窑遗址中出土的原煤即可证实。元代，门头沟区煤炭开采已成规模。明迁都北京后，大兴土木，进一步促进了煤炭的发展。据明代户部《万历会计录》记载，在门头沟区境内有70多座直属皇宫的煤窑，此外还有大大小小的私家煤窑。在长期的煤炭开采与使用中，煤业生产水平逐渐提高，绚丽多彩的煤业文化产生了，供奉煤窑神的习俗也形成了。村民们尤其是煤窑工人，会在窑神生日、开窑复工和其他节日时进行崇祀，祈祷煤炭开采顺利，同时会有民间花会、戏班的庆祝表演。近现代以来，煤炭业发展迅速，成为门头沟区的主要产业之一，如今门头沟区著名的四大煤矿虽已停产，但仍然承担着浓厚的煤炭工业文化的记忆。

京西宛平一带自古以来就是北京城关键的防守重地，因而该区域内分布有大量的关津。"关以阻路，津以通水"，关津即指水陆交通必经的要道——关口和渡口，泛指设在关口或渡口的关卡（图1-15）。

既然设置了关卡，就需要有人员驻地防守，因此便形成军事防御层面的管理制度。例如天津关，位于宛平县西二百一十五里外，通向保安州一百里内的地方，距离沿河口约三十里。天桥关，位于宛平县西二百二十里外，通向宣化府一百八十里内的地方，距离沿河口四十里，其西南方向有梨园岭口、洪水口、西龙门口和支锅石口。明清时期，一些关津要道设有巡检司，旨在"扼要道，察奸伪，期在士民乐业，商旅无艰"[1]。根

---

[1] 明实录[M].上海：上海书店出版社，2015.

据明代《宛署杂记（卷三）·职官》记载，宛平县共设有四个巡检司，"一曰芦（卢）沟桥巡检司，设桥西，离城四十里，巡检一员；一曰齐家庄巡检司，设本庄村，离城二百五十里，巡检一员；一曰王平口巡检司，设本口村，离城一百二十里，巡检一员；一曰石港口巡检司，设青白口村，离城二百五十里，巡检一员"。其中，齐家庄巡检司位于最西端，即今清水镇齐家庄村所在，西邻涿鹿、三坡，东接王平、石港。所辖范围内有两处城郭，一为东斋堂城，设廓清与辑宁城门；另一为"村部"，辖属58个村落，包括4000余户、2万余人[1]。

图 1-15　北京及周边区域关口分布
（来源：引自《四镇三关志》）

20世纪20年代以来，京西地区的矿区工人最早接触到马克思主义理论，并开展了一系列工人运动。抗日战争爆发之后，门头沟地区建立了抗日根据地，八路军冀热察挺进军带领当地人民与日军展开斗争。1938年，邓华带队建立平西根据地（图1-16），在斋堂川驻扎军队，同时成立宛平县政府，这是京郊首个抗日民主政府。1939年，肖克率领冀热察挺进军进入马栏村，建立平西抗日敌后战场的指挥中心，为抗日战争的胜利发挥了重要作用。现如今，马栏村、涧沟村、塔河村、田庄村等村落都留存有各类革命历史环境要素，成为重要的红色文化空间印迹（图1-17）。

---

[1] 北京门头沟村落文化志编委会.北京门头沟村落文化志[M].北京：北京燕山出版社，2008：57-58.

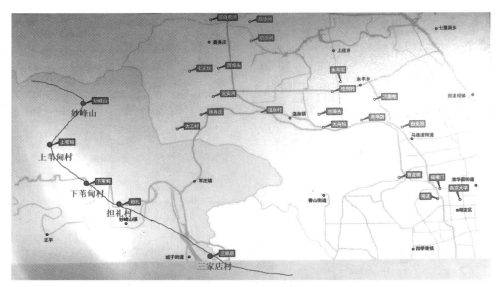

图 1-16 平西秘密联络站交通线路
（来源：根据涧沟村"平西情报联络站"纪念馆图示改绘）

冀热察挺进军遗址

路边标语

卫生站

图 1-17 马栏村红色历史文化要素
（来源：自摄）

1.2.3 时代认同

不同主体对于空间的认知，根据相关政策及社会环境的变化而变化。随着传统村落的保护、旅游发展和新媒体的介入，门头沟区及村落的社会认知也在发生变化。城里人主要关注门头沟区及村落的旅游、度假、徒步、庙宇等；专业学者主要关注和研究其地域环境、历史文化、村落空间格局、公共空间、生产生活方式等；而本地人随着社会环境的变化，观念也变得更加开放，对本地空间的感知范围变大。

同时，传统村落保护与旅游的发展，以及新媒体的介入，使得村落空间在虚拟网络中逐渐活跃起来，这在一定程度上扩大了村落的社会认知。人们对村落空间、物质文化场所也有了新的认知与定义。本研究借助百度搜索平台提取"门头沟区景区、度假村、寺庙、农家乐、民宿"的兴趣点（POI）数据信息，并进行核密度分析，发现潭柘寺与戒台寺、妙峰山与阳台山景区、京西十八潭、龙门涧与爨底下景区及百花山景区五大片区中信息点最为密集。这说明这五个区域是外界人士对门头沟区认知的起点，起到了重要的社会传播作用（图1-18）。

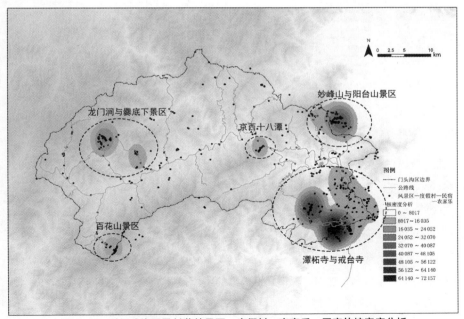

图1-18 对门头沟区及村落的景区、度假村、农家乐、民宿的核密度分析
（来源：自摄）

此外，本研究还借助网络词条数据进行分析，以辅助对门头沟区社会传播认同的研究。以"村落"为搜索关键词，提取百度搜索平台2000—2021年的相关词条，共收集数据5624条。以2012年公布的中国传统村落名录为时间节点，划分为2000—2012年、2012—2021年两个阶段，对数据进行词频统计分析（图1-19），发现2012年后"村落"搜索量约有5倍的提升，这说明传统村落保护工作的开启引起了人们对村落的关注。

数据显示，2012年前大众对"村落"的关注聚焦于"旅游""游记""攻略"等内容，在地域空间方面，集中在皖南、丽江等有世界遗产的地区，这反映出彼时社会对村落历史、空间及价值的认知还较为粗浅。2012年后，村落的概念与内容得到延伸与扩展，包括历史文化名村、古村落和传统村落，搜索内容也增加了"历史""保护""建筑"等词，区域范围也得到很大程度的扩充，山西、云南、北京等地也出现在搜索之中，村落的社会认知逐渐全面、丰富，并与其他领域产生关联。

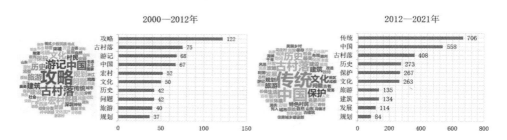

图 1-19 "村落"词频统计分析
（来源：作者根据百度搜索词条整理绘制）

为了解京西地区的社会传播和认知状况，以"京西村落""门头沟"为关键词，采集"微博"及"两步路"平台的词条数据信息，共6094条（图1-20）。可以看出，人们对"京西村落"的认知包括古村落、历史文化、保护、旅游等内容，热点词条有爨底下村、碣石村、灵水村"爸爸去哪儿"等；根据"两步路"的统计数据，目前门头沟区存在多条徒步旅游线路，多沿京西古道、长城线路或山路分布。其中"妙峰山镇—三家店村"这条线路的下载量最高，这与妙峰山香道南道的路径有很大重合，途经琉璃渠、斜河涧、樱桃沟等村落。总体而言，门头沟区的村落社会认知在不断变化，并且随着传统村落保护、旅游及新媒体的发展，也正在实现良性的发展。

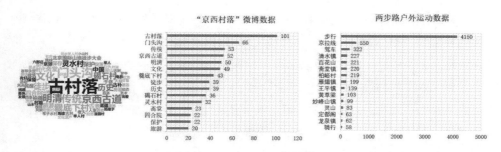

图 1-20 "京西村落"词频统计分析
（来源：作者根据微博与两步路户外运动数据整理绘制）

1.3 交通廊道的构成

京西地区的内外交通联系方式多元，在历史时期分别发挥了永定河水系、京西古道、铁路及公路等交通廊道的作用。永定河与京西古道交通不仅具有运输物资与迁徙人员的作用，而且直接或间接地促进了传统村落的形成与繁衍，影响了村民日常生活行为与观念的形成；铁路与公路交通主要承担物资运输与人员流通的作用，在一定程度上改变了村落空间格局与村民的生产生活方式。

1.3.1 交通体系

公元11世纪后，北京地区的发展进入一个新的阶段，城市建设活跃，人口增加，对外交往愈加频繁。为满足对北京地区的资源补给，京西山区陆续出现了用于运输物资和矿产的交通道路。之后又陆续衍生出服务于崇祀与民俗生活的进香道路，以及连接各地关口的军用道路，它们共同构建形成了交通廊道体系。

在该系统中，大部分要素都与永定河水系有着密切关系，如历史悠久的"西山大路"（京西古道的主要构成部分），其走向基本上是沿着永定河下游而行的，从三家店村开始，经过琉璃渠、水峪嘴、牛角岭、桥耳涧、马各庄、东石古岩、王平村、吕家坡等地，最终到达王平口关城。又如斋堂川地区的古道，主要是沿着清水河而行的，从清水镇一带开始，经过斋堂、东胡林、军响、青白口后，通向昌平地区。永定河水系所构成的山间谷地，为整个道路网络系统的形成与发展奠定了基础（图1-21）。

京西地区经历了复杂的交通廊道变迁，才形成了如今丰富的交通廊道体系（图1-22）。通过四种交通廊道的叠加可以发现，交通廊道的空间分布之间有着密切的关系，门头沟区的道路体系基本是以河流水系为骨架的。京西古道线路基本沿永定河与山地峡谷分布，京门铁路线路沿永定河蜿蜒分布，公路线的大体布局又与古道主干线重叠交错。同时，随着交通的变迁，传统村落的公共空间、村民的日常生活也发生了变化。由此也可以看出，不管传统交通时期还是现代交通时期，交通线路都是为了满足空间的联通、人们的行为交往、物资运输需求而生，交通的发展与村落的发展是相互影响和制约的关系。村落引导着交通线路的生成，交通线路又影响着村落的活力发展。

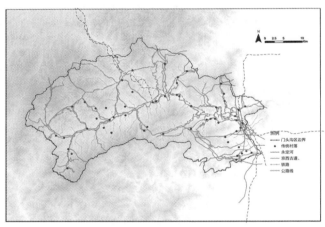

图 1-21　京西地区交通体系
（来源：自绘）

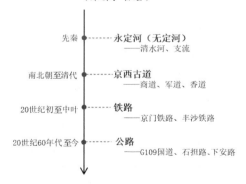

图 1-22　京西地区交通变迁历程
（来源：自绘）

1.3.2 永定河

永定河在山峦间穿行,形成了复杂多样的峪道谷地,为京西地区交通廊道体系的建构与发展奠定了基础。永定河由官厅水库流至三家店村,跨越门头沟区东西(图1-23)。河流流于山峦之中,坡度变化大,形成弯弯曲曲的沟谷。在沟谷之中,衍生出一些临水而居的古村落,分布在永定河水系沿线。

永定河作为水运交通要道历史久远。《旧唐书·列传·韦挺》里记载,唐贞观十九年(公元645年),"将有事于辽东,择人运粮",韦挺受命至幽州,"自桑干河下至卢思台,去幽州八百里,逢安德还曰:'自此之外,漕渠壅塞'"。金代建立中都,永定河作为水运交通运输的作用日益凸显。元代建设大都期间,卢沟河开漕运之用,完成西山木石原料的运输。此外,水系沿途的古道线路也需要跨过永定河,渡船和木板桥也是水上交通的形式。

永定河在作为水运交通的同时,也在一定程度上引导了门头沟区陆路交通体系的构建。根据考古发现,早在远古时期,人们就开始沿河流迁徙。如北京直立人在新石器时期就已经沿永定河而上,到达了山西与河北的交界处——许家窑村,逐渐形成固定路线[1]。永定河南岸的东胡林遗址,便是人类在新石器时代定居西山的历史证明,距今已有一万多年的历史,这说明早期的先民们便已从永定河向西山深处扩展,随之道路也就出现了。

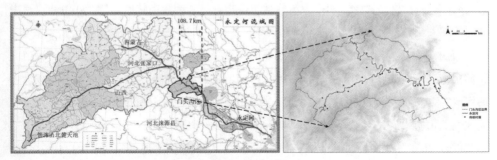

图1-23 永定河空间分布
(来源:根据《永定河流域图》改绘)

---

[1] 许辉.永定河流域的交通文化[C].北京历史文化研究——永定河历史文化研究,2007:109-123.

1.3.3 京西古道

永定河流经山谷，奠定了早期聚落营造的基础，催生了交通廊道，便于人和物资沿河道进行迁移，促使了京西古道的形成。京西古道始于官厅山峡河谷之间[1]，为人类最早进入西山地区提供了天然通道。

根据《辽史》记载，京西古道在南北朝时期已经开始修建，官修与民修兼有。元代以来，京西古道更加频繁地得到利用，西山地区的煤炭、木材、石材等资源，被源源不断地供应到京城。明清时期，京西山区逐渐完备的御敌工事与北部的居庸关长城共同形成了一道坚固的防线。随着交往的频繁，军事设施、煤矿、寺庙、自然村落之间形成了曲折交错的交通网络，促成了绵长纵横的京西古道体系。京西古道与山系、水系紧密结合，由北京越大岭、顺沟谷，向西及西北而行[2]。道路体系由商道、军道与香道构成，遍布门头沟地区，形成纵横交错的网络。道路体系对内连接各村镇、古刹及长城，对外通往房山、涞水、涿鹿、怀来、昌平等地。

商道是因西山与京城之间煤炭等物资的频繁运输而衍生的。京西山脉丰富的煤炭资源从元代后期开始逐渐被开发利用，到明清时期达到鼎盛。商道主要为西山大道（西山大路），分为西山大道（北路）、玉河大道（中路）和庞潭古道（南路）三条道路，最终在王平口会合。其中，北路为主线路，从洪水口村沿永定河流域到三家店村，长约80km，沿线有27个村落。西山大道曾承担煤炭运输和销售中转的功能，在沿线村落中催生了相关业态，如商铺、驿站、车马店等，带动了沿线村落的活力提升与经济繁荣。

香道是为香客去往庙宇进香、参加庙会而设置的，体现了古时对宗教信仰与民俗文化的重视。京西地区以潭柘寺、戒台寺、妙峰山娘娘庙而闻名，有通往潭柘寺与戒台寺的庞潭古道、麻潭古道、卢潭古道，通往妙峰山娘娘庙的妙峰山香道北道、南道与岭西道，通往九龙山娘娘庙的西平岭、中平岭和东平岭古道，以及通往百花山的马栏道、田寺道和黄塔道。由于各地多点进香的特性，香道起点多，线路较短，各圣地间联系少却自成系统，

---

[1] 王艺璇，沈彦军，高雅，等.永定河上游环境变化和水资源演变研究进展[J].南水北调与水利科技，2021，19（4）：656-668.
[2] 阙维民，宋天颖.京西古道的遗产价值与保护规划建议[J].中国园林，2012，28（3）：84-88.

这是香道与商道、军道不相同的地方。此外，妙峰山香道沿线修建了为沿途香客提供饮食、休息的茶棚，主要由清茶会等组织负责，这也形成了香道的一道独特风景。

京西地区山脉纵横、峡谷众多，历来是军事防御重地。军道便是历代王朝在此征战时为运输军用物资、从事军事设防与突击等军事活动而产生的。京西的军道主要是以沿河城为节点、以五大关城为中心连接与延伸的。以沿河城为节点的有西奚古道、龙门沟道、天津关古道等十条军用道。其中，西奚古道据说由古代时期的奚族西支人在其皇妃带领下修建创立，道路充分利用沿河城的复杂地形，是使用较为频繁的军道。明代时，西奚古道成为内长城三关之间的联络道，以关城为中心的军用道有牛角岭、峰口庵、十字道、王平口和大寒岭五大关城道，其中牛角岭关城和王平口关城等遗址至今依然可见其风貌；此外，永定河左右岸道、芹淤古道等支路也曾作为军道发挥重要的军事作用。

1.3.4 铁路

门头沟区境内主要有两条铁路线，分别是京门铁路与丰沙铁路线（图1-24）。京门铁路始建于1906年，是连接京城与门头沟区的一条铁路，其主要作用是输出门头沟区的煤炭资源，保障京张铁路运行和京城城区的煤炭资源供应。丰沙铁路建于1952年，是连接北京丰台区和河北沙城镇的铁路线，是晋煤外运的主要通道之一。丰沙铁路自西向东北穿过门头沟区，境内设有沿河城站、珠窝站、雁翅站、安家庄站、落坡岭站、斜河涧站、三家店站共七个站点。铁路线的运行，站点的设置，在很大程度上带动了沿线村落的发展。

京门铁路的修建过程十分坎坷，其间多次修建变更，包括管理负责方的变化、起始站点的更换，每一次修建都与当时的历史背景、社会局势相关。实际上，在修建京张铁路前，煤商们便提议修建一条连接门头沟区与北京城区的运输煤炭的铁路，以供各种需求。但被清政府拒绝，理由是"股本不可靠"[1]。1906年7月，商部再次提议修建京门铁路的奏请获得批准，它之所以获批不仅是因为官民多次上奏，"民之所向"，而且是因为它与京张铁路的修建时间几乎重合，可最大限度地节省人力、物力，并且可为京张铁路的运行提供煤炭原料。

---

[1] 李琮.京门铁路的修建历程[J].北京档案，2017（4）：51-54.

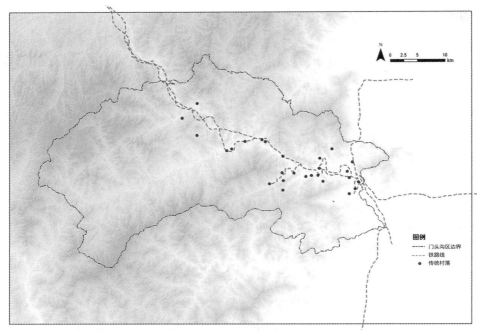

图 1-24　京西铁路及沿线村落分布
（来源：自绘）

　　历史上的京门铁路分三段修建，包括京门支线、门板线、清斋线，后来清斋线因战乱荒废。如今的京门铁路是京门支线与门板线的合并线路，从五路站到木城涧站，有多个站点，总长 53.3 km（图 1-25）。2000 年，由于门头沟区产业结构调整，京门铁路停运。

　　京门铁路作为煤炭等资源的货运交通，影响着村落的产业与日常生活。在修建公路之前，它曾是门头沟区村民来往京城的主要交通方式。作为货运交通，它主要负责门头沟区木城涧煤矿、大台煤矿、王平煤矿这三大煤矿煤炭资源的对外运输，还有丁家滩村尼龙石采石场的石材运输、野溪村石灰厂石灰资源等的运输；作为客运交通，它是村落与北京城区、村落与村落之间交往通行的主要交通方式。据色树坟与丁家滩村民回忆，在停运之前，每天都有两趟火车来往于门头沟区与市区，从三家店到木城涧耗时约 2 小时（图 1-26）。站点不仅服务本村，还覆盖到周边村落，火车站成为人们日常通行交往的重要空间节点。

1　研究缘起与概念限定

图 1-25　京门铁路线路与站点分布
（来源：自绘）

图 1-26　京门列车时刻表
（来源：引自 www.sohu.com/a/169072978_642365，原文出自新浪博客《曾经的京门支线铁路》）

1.3.5 公路

公路是指可以行驶汽车的公用之路。门头沟区公路始建于 20 世纪 60 年代，公路的修建和投入使用慢慢弱化了铁路线的作用。现门头沟区主要由 G109 国道、S209 省道（也称石担路）、X010 乡道（也称下安路）这三条公路连接内外交通。基本保证了门头沟区与京城、镇与镇、村与村之间的互通，并使得村落与村落之间的通行更加便利，深山区村落的对外交流也得到了强劲的发展（图 1-27）。

修建公路后，门头沟区的交通出行方式开始发生变化。汽车和公交车成为主要通行工具。目前来往于门头沟区内的公交线路有 932 路、876 路、941 路、932 路、929 路等，本书通过门头沟区公交站点的数据对其进行核密度分析，发现公交站点的最大密集点集中在门头沟区附近，山区村落中的公交站点主要分布在 109 公路线和通往各乡镇的公路线之上（图 1-28）。

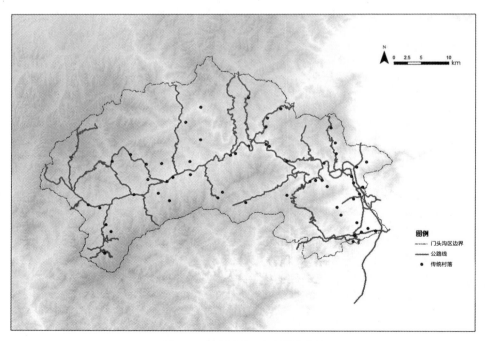

图 1-27 京西公路及沿线村落分布
（来源：自绘）

1 研究缘起与概念限定

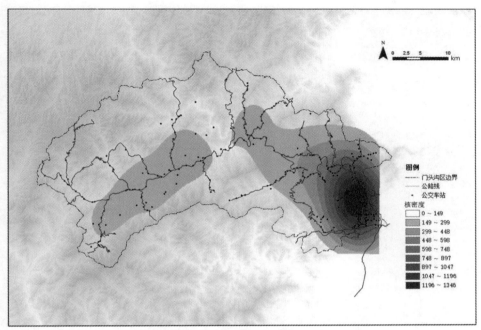

图 1-28 京西公交站点核密度分析
（来源：自绘）

1.4 小结

本章基于历史梳理、文献研究、网络数据统计与空间分析，对京西地域文化认知与交通变迁历程进行了梳理，并在前人学者对门头沟区交通廊道的研究基础上，进一步深化了地域文化与交通体系之间、各时段交通廊道之间的相互联系，认识到地域文化、交通体系、传统村落之间存在着相辅相成、相互影响和制约的因果关系。

京西地区独特的地域环境和历史沿革，影响了物质空间的建造与文化体系的形成。最初以水为生的理念促成了永定河沿线的早期村落。后来，随着资源的挖掘、京城的发展及村落自身的发展，门头沟区的交通优势、资源优势及军事防御优势逐渐被挖掘出来，形成商道、香道、军道共存的京西古道体系。随着近代工业的发展，门头沟区的煤炭资源又引起门头沟区铁路交通的发展，将门头沟区的煤炭发展推向高潮。公路的发展方便

33

了城乡联通，加快了村落向现代化的转变。同时，交通体系的变迁，也深深影响着传统村落内部公共空间的发展趋向和村民日常生产生活的方式。

综上所述，京西地域文化催生了丰富的交通体系与交通文化，继而推动传统村落集群的形成与发展，影响村落公共空间类型的兴衰变化，最终在乡村日常生活维度中得以展现。

2 京西传统村落的空间特征

河流、驿路、铁路等交通廊道为线性空间，它们相互连接、交织，将区域内的点状要素整合，形成一个密切相关的网络空间体系。其中，点状要素既包括传统村落，也涵盖渡口、驿站、寺庙、车站等遗产类型。交通廊道作为联系京西传统村落、实现社会与文化交流的通道，促成了区域内部各要素之间，以及区域内外的人员、物资、信息的传递。因此，对空间分布的阐释成为讨论要素之间关联的前提。本章运用 ArcGIS 工具分析传统村落的空间分布特征，包括分布演化过程、分布类型及分布密度。结合京西地区的自然环境要素与社会人文要素，确定各要素对传统村落选址的影响。

2.1 村落概况

2.1.1 空间范围

在确定研究空间范围时，需要考虑两个方面的因素：其一，由于永定河流经门头沟区的大部，其行政区划界限与永定河中游流域的边界大致相叠合，这些村落在空间分布上与河流（包括其他交通廊道要素）有着密切关系；其二，门头沟区大部分为山地环境，村落在形成、发展、演化进程中，受到地势和交通的限制，从浅山至深山片区的差异愈加明显。所以，门头沟区村落的空间格局保存较为完整，这有利于对其进行空间分析。而对于浅山区，即永定河的出山口附近而言，由于该片区临近北京城区，所以城镇化速度较快，原有的村落边界和街巷格局已逐渐模糊。针对这种现象，梳理村落空间特征及文化内涵就显得尤为重要，这样有利于提高人们对于永定河流域的文化认知，为将来区域的整体发展确定位置。

经过预先研究和田野调查，我们选择了区域范围内的 57 个村落作为研究对象。村落分布于门头沟区的1个街道、8个镇，即大台街道，斋堂镇、雁翅镇、清水镇、龙泉镇、永定镇、王平镇、妙峰山镇和军庄镇（表2-1）。其中，龙泉镇、永定镇、王平镇、军庄镇因地处浅山区，村落形态受城镇化影响较大，尤其是龙泉镇和永定镇，其大部分区域呈现为城市风貌。所以，对于这些区域的村落空间研究需要结合历史地图及影像图进行分析。

表 2-1 研究对象

所属乡镇	村落个数	村落名称
大台街道	1	千军台村
斋堂镇	14	爨底下村
		黄岭西村
		西胡林村
		沿河城村
		灵水村
		马栏村
		柏峪村
		吕家村
		东斋堂村
		西斋堂村
		灵岳寺村
		大三里村
		杨家峪村
		向阳口村
雁翅镇	10	碣石村
		苇子水村
		青白口村
		付家台村
		太子墓村
		雁翅村
		河南台村
		淤白村
		田庄村
		大村

2 京西传统村落的空间特征

续表

所属乡镇	村落个数	村落名称
清水镇	7	张家庄村
		燕家台村
		上清水村
		杜家庄村
		张家铺村
		黄安村
		塔河村
龙泉镇	7	琉璃渠村
		三家店村
		龙泉务村
		东龙门村
		门头口村
		赵家洼村
		城子村
永定镇	7	卧龙岗村
		栗园庄村
		石门营村
		岢罗坨村
		万佛堂村
		王平口村
		石佛村
王平镇	5	东石古岩村
		西石古岩村
		韭园村
		河北村
		安家庄村
妙峰山镇	4	下苇甸村
		樱桃沟村
		桃园村
		涧沟村
军庄镇	2	军庄村
		东杨坨村

2.1.2 历时演化

京西传统村落的形成具有历史特征,通过梳理历史文献和调研考证方法,可确定村落的形成年代。其判断标准包括三个方面:一是文献明确记载的建村时间;二是村落现存最早的历史遗迹;三是现代考古发掘的推断。然后,根据村落整体的沿革历程,将形成年代划分为唐宋、辽金元、明和清,共四个时期(图2-1)。

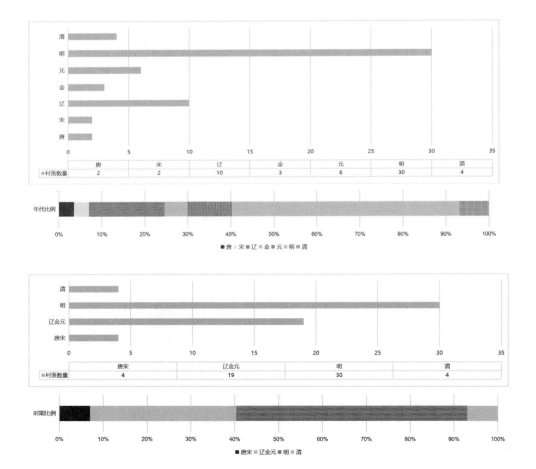

图2-1 京西各时期传统村落数量与比例
(来源:自绘)

京西村落大多形成于辽代至明代的数百年间,其中明代尤为集中。公元938年以来,北京先后作为辽南京、金中都、元大都,农业生产和社会经济得到充分发展,人口逐渐增多,同时也有许多其他地方的移民迁居于此。元代初年,为了营建都城,曾调集大批军队到大都地区,各类工匠、民夫亦前后迁入,部分人口分布于大都郊区,这促成了后来京郊村落的发展。辽、金、元期间,由于都城的改变,城市规模逐步扩大,城市功能不断加强,城市需求也越来越多,这些都可以从村落的发展历程中体现出来。

明代是北京村落蓬勃发展的时期。元末明初,为了尽快充实都城人口,恢复农业生产,统治者从地狭民稠的山西、山东等地迁入大量移民。明永乐二年(1404年),"徙山西太原、平阳、泽、潞、辽、沁、汾民一万户实北京"[1]。这么多移民到达北京地区,促进了京郊大批新村落的发展。同时,为守卫京师,明代特别注重北疆边防,除了设卫所、屯兵卒外,主要是修长城、筑墩台。由此,长城沿线、关隘附近逐渐形成大批村落。城市建设也带动了周边村落的发展。明永乐至正统年间(1403—1449年),北京修建城池宫殿,需要大量木材、石料、砖瓦、石灰、琉璃等建材,这些物料有的从南方采办,有的则就近取材。于是,在都城周边设立了矿场工坊,专门采集收存物料,由此促进了部分村落的形成。

除却城市建设带来的人员与物资的流动,寺庙道观也成为建成环境变化的重要驱动因素。京西一带"物华天宝",从辽代兴建佛寺,到金代"西山八大水院"的营造[2],再至明、清对西山地区的进一步开拓,使得此地聚集了多处规模等级较高的崇祀场所,如潭柘寺、戒台寺、白瀑寺、灵岳寺等。在农业时代,寺庙和村落长期处于共生状态,特别是人们对土地的掌握与使用,在一定程度上推动了聚落人居环境的发展。

从空间分布上来看,辽金元时期村落集中分布于清水河流域和永定河出山口附近,村落沿河流干流分布的特征较为明显,呈现出沿河流干流发展的趋势。而明代时期的村落集中分布于永定河下游的平原地区,同时山区内村落逐渐向深山发展,呈现出沿河流支流放射状发展的趋势(图2-2)。这可以从两个方面进行阐释:一是城市建设存在大量人工需求,所以以近京地区村落发展比较迅速;二是京西地区的道路系统逐渐发展完善,各种军事、贸易、文化活动频繁,为村落向深山区域发展带来机会。

---

[1] 尹钧科.北京郊区村落发展史[M].北京:北京大学出版社,2001:177.
[2] 苗天娥,景爱.金章宗西山八大水院考(上)[J].文物春秋,2010(4):28-34.

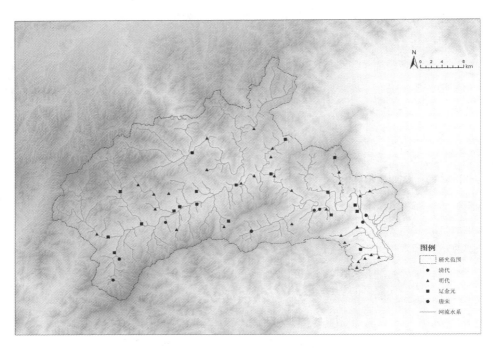

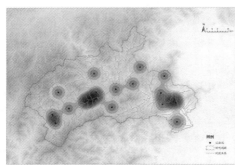

辽金元时期村落空间分布　　　　　　明代村落空间分布

图 2-2　京西各时期传统村落发展趋势
（来源：自绘）

2.2 空间分析逻辑

在空间分布的分析过程中，应用了"空间点模式方法"。"点"是一种空间要素，在一定区域内的分布情况可依据函数关系进行计算，发现其内在结构逻辑关系。对于特定空间范围中的传统村落，忽略其建成区的大小，将村落抽象为点状要素，根据最近邻指数（Nearest Neighbour Index）对传统村落的空间分布类型进行判定，一般可分为凝聚型、随机型和均匀型三种类型（图2-3）。

运用ArcGIS的空间统计工具中的平均最近邻计算模块，得到京西传统村落空间分布的理论最近邻距离均值约为2.959 km，实际最近邻距离均值约为2.543 km，最近邻指数R约为0.859<1，其中P值约为0.046，这表示通过了显著性检验。由此可知，永定河流域内的传统村落属于凝聚分布类型，证明村落在空间分布上存在一定的相关性和集聚性，可以通过点要素的分布密度来确定村落凝聚的中心。

运用ArcGIS的空间分析中的核密度工具进行计算，得到京西传统村落空间分布的核密度图（图2-4）。传统村落呈现出"大分散、小集聚"的空间分布格局，村落在发展的过程中逐渐形成了以王平镇、龙泉镇和永定镇为中心的三大高密度区，同时综合上文传

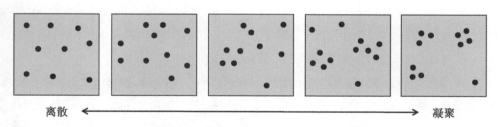

图 2-3 最近邻指数空间分布类型图示 [1]

---

[1] 王远飞，何洪林. 空间数据分析方法 [M]. 北京：科学出版社，2007：58.

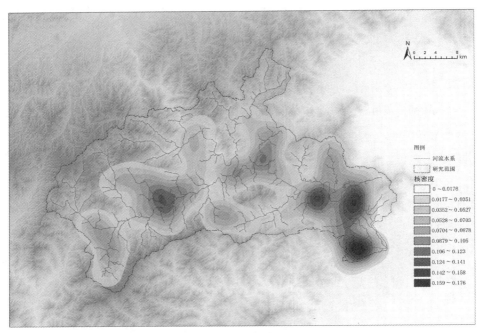

图 2-4　京西传统村落核密度图
（来源：自绘）

统村落在各时期的空间分布情况可以看出，辽金元与明代时期的村落奠定了整个京西地区传统村落的空间格局，对村落的形成、聚集、演化起到了关键作用。

　　从空间上来看，三大高密度区分别位于永定河出山口和下游平原地区，这里地势平坦、土壤肥沃，距离北京城较近。而且，此地还是京西古道分布最为密集的地区，具有天然的发展优势。此外，清水河一带的斋堂镇也是村落分布比较集中的地区，这里的地形地貌更为复杂，以山地为主，整体环境相对闭塞，经济和社会的发展水平较低，所以在某种程度上为传统村落的保护提供了有利条件。斋堂镇的传统村落资源十分丰富，且保存完整、历史价值高，斋堂镇也是北京地区拥有中国传统村落和市级传统村落最多的地方。传统村落的分布密度反映了村落在选址时存在一定的倾向性，这种倾向性来源于多种因素，它们共同影响了村落的选址。

2.3 多元要素

永定河自西向东横跨京西山区，其流域范围内，自然环境要素丰富，地形地貌变化复杂。村落在选择营建地址时首先要考虑的就是地形与水源条件，要满足人们的生活生产要求，平坦开阔的土地和便利稳定的河流应当是最基本的要素。不过在传统村落漫长的发展历程中，社会环境也会对村落选址产生一定的影响，例如宗教活动、军事防御及交通运输，它们会对村落的位置选择及空间发展产生一定的引导效应。所以，传统村落的选址是综合考虑了自然环境与社会环境的结果，在不同要素之间权衡，最终会确定一个最为适宜的建设用地。本小节首先对各种影响因素进行单独分析，包括高程、坡度与坡向、河流水系三种自然环境因素，以及宗教文化、军事防御、交通运输三种社会人文因素，然后通过权重配比，将多种要素进行叠加分析，得到永定河流域的用地适宜性评价，帮助我们判断传统村落在选址问题上的倾向性与科学性。

2.3.1 自然环境要素

1. 高程

海拔高程及地形地貌是影响村落选址及空间布局的重要因素，不同的海拔高程会产生不同的水热条件，对乡村的农业生产、生活方式及文化习俗产生广泛的影响[1]。根据地表各物体所呈现出来的高低起伏的形态，陆地地形可以分为五大类，即平原、丘陵、山地、高原和盆地。区分这些地形最为主要的依据就是海拔高度和相对高度。平原的海拔高度在200 m以下，相对高度一般不超过55 m，整体广阔平坦，起伏平缓。丘陵的海拔高度在500 m以下，相对高度不超过200 m，相较于平原来说，地面崎岖不平，但整体坡度较缓，属于平原至山地的过渡地带。山地的海拔高度在500 m以上，相对高度大于200 m，整体起伏较大，坡度陡峭。同时，山地还可以根据海拔高度分为低山、中山和高山三类。低山的海拔高度为500~1000 m，中山的为1000~3500 m，高山的为3500~5000 m。

---

[1] 尹璐，罗德胤. 试论农业因素在传统村落形成中的作用[J]. 南方建筑，2010（6）：28-31.

根据永定河流域高程地形图（DEM），其海拔高度区间为48~2274 m，结合上文地形分类标准和北京市规划和自然资源委员会公开的门头沟区地质资料，将研究范围内的高程地形按照<200 m、200~400 m、400~800 m、>800 m 进行重分类，可以得到永定河流域的地形，包括平原、丘陵、低山和中山（图2-5），其中山地面积占比最大，大约为82.4%，其次是丘陵，大约为10.6%，平原占地面积最小，仅为7%。

在地形重分类的基础上，将传统村落与地形进行叠加分析，统计各类地形内的传统村落数量，可以得出，平原地区传统村落数量为17个，丘陵为14个，低山为23个，中山为3个。整体来看，低山区域的传统村落数量最多，平原和丘陵地区数量次之且分布相对均匀，中山区域数量最少。但结合各高程区间所占面积比来看，各地形村落分布情况存在较大差异，平原地区面积最小，但传统村落的分布密度最高，达到0.169个/km²，而山区面积最大，其传统村落分布密度仅为平原地区的四分之一（表2-2、图2-6）。所以平原地区

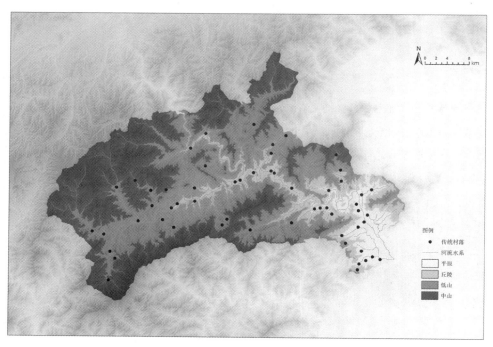

图2-5 永定河流域地形分类图
（来源：自绘）

在村落选址上仍具有较大优势,其次为丘陵地区,它们可以为村落的生产生活提供较好的环境条件,越是靠近山区,其环境越是闭塞复杂,因此山区内的村落分布较为松散,集聚性差。

表2-2 不同地形传统村落分布情况

地形类型	高程区间	面积/km²	面积占比/（%）	村落数量/个	村落占比/（%）	村落分布密度/（个/km²）
平原	48~200 m	100.59	7	17	29.8	0.169
丘陵	200~400 m	153.42	10.6	14	24.6	0.091
低山	400~800 m	599.09	41.4	23	40.4	0.038
中山	800~2274 m	592.42	41	3	5.3	0.005

永定河从三家店附近出山后形成大面积的冲积平原,根据1967年的历史影像图来看,该地区农业种植面积大,农业生产相较其他区域更为发达。但也正是因为其地形条件良好,地域面积开阔,并且靠近北京城区,所以平原地区的城镇化速度较快,村落在发展过程中逐渐连接在了一起,失去了原有的村落空间形态(图2-7),历史资源被破坏的程度也较大。

丘陵地区是平原向山地的过渡区间,主要分布在永定河与清水河两侧,河流在流动

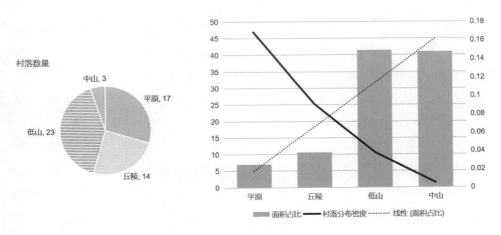

图2-6 不同地形传统村落分布情况
（来源：自绘）

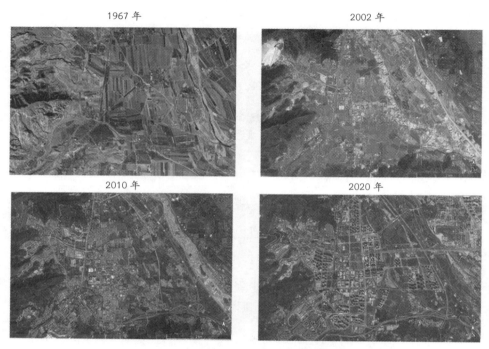

图 2-7 平原地区传统村落空间形态演变
（来源：引自 USGS Earth Explorer 和 Google Earth）

过程中带来大量冲积物，并附着堆积在河床及河道两侧，因此形成丘陵。丘陵地区的村落大多背靠山地、面对河流，所以其发展空间容易受到地形的限制，以永定河与清水河沿岸村落为例，通过对比 1967 年、2009 年、2020 年的卫星影像图，发现村落整体的土地利用情况与空间格局均未发生明显的变化，并且村落呈现出主要沿河流与道路方向线状发展趋势，山、水、村之间的空间关系较为稳定（图 2-8）。

在山地环境中，村落多分布在山间低地中，易于依靠山体形成被环抱的自然格局（图 2-9）。这种地形条件造就了山区村落独特的空间特征，尤其在村落规模、空间形态及农业生产上具有明显差异。山地村落相较平原和丘陵地区来说，规模小、形态自由，并且整体分布主要呈点状，村落与村落之间不具备统一的关联性。同时，山区村落不具备集中耕种的条件，所以多是沿山坡开垦梯田，梯田面积小且布局分散，形成与平原、丘陵地区不同的乡村景观。

	1967 年	2009 年	2020 年
付家台村			
青白口村			
太子墓村			
东斋堂村、西斋堂村			
安家庄村			

图 2-8 丘陵地区传统村落空间形态演变
（来源：引自 USGS Earth Explorer 和 Google Earth）

图 2-9 山区传统村落的自然格局
（来源：自绘）

2. 坡度与坡向

坡度也是影响村落选址的重要自然属性，它指的是地表上任意一点的切面与水平地面的夹角，表示地面在该点的倾斜程度，主要对当地的土地利用情况产生影响。通过 ArcGIS 软件中的坡度功能，对研究范围内的高程地形图进行坡度分析（图 2-10）。其整体坡度范围为 0°~81.7°，将分析结果按照平坦坡（<5°）、缓坡（5°~15°）、斜坡（15°~25°）、陡坡（25°~35°）、急坡（35°~45°）、险坡（>45°）进行重新分类后，再将坡度值

2 京西传统村落的空间特征

提取至点,可以得到各个村落的坡度,整理后可得到表2-3、图2-11。

表2-3 不同坡度区间传统村落分布情况

类型	坡度区间	村落个数/个	村落比例/(%)
平坦坡	<5°	22	38.6
缓坡	5°~15°	27	47.4
斜坡	15°~25°	6	10.5
陡坡	25°~35°	2	3.5
急坡	35°~45°	0	0
险坡	>45°	0	0

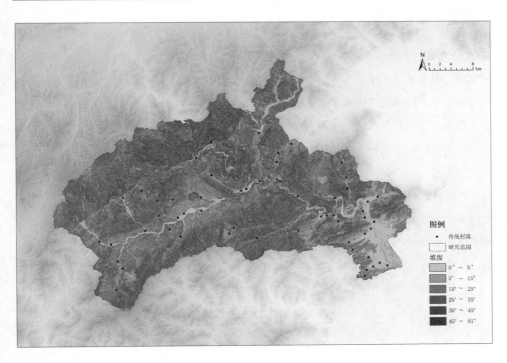

图2-10 永定河流域坡度分析图
(来源:自绘)

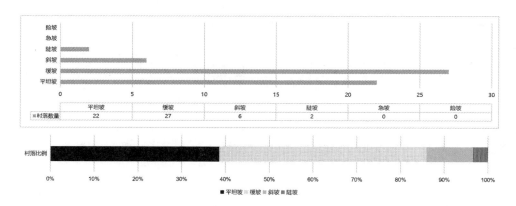

图 2-11 不同坡度区间传统村落分布情况
（来源：自绘）

在 57 个传统村落中，其中有 22 个村落分布在坡度小于 5°、较为平坦的区域内，有 27 个村落分布在坡度 5°~15°、较缓的区域内，两者数量大致相当，共占村落总数的 86%。而在坡度大于 15° 的区域内，村落分布数量较少，并与前两者差距悬殊。适当的坡度有利于村落内部排水，但坡度一般不应超过 15°。15° 以下是最适合农作物生长的坡度条件，地形过于陡峭会造成水土流失、光照不均等问题，影响农作物生长，也会给村民的生产生活带来一定的困难。

坡度对于村落而言，主要影响的是空间规模和空间布局，而坡向更多影响的是当地的自然环境，诸如日照、气温、降水等，会直接造成局部地区的气候差异，影响农作物生长。坡向具体是指坡面法线在水平面上的投影方向，通过 ArcGIS 软件中的坡向功能，对研究范围内的高程地形图进行坡向分析（图 2-12）可得，整体坡向划分为北、东北、东、东南、南、西南、西、西北共 8 个方向，各个坡向内分布的村落情况如表 2-4 所示。

表 2-4 不同坡向传统村落分布情况

坡向	坡向值/（°）	村落个数/个	村落比例/（%）
北	0~22.5，337.5~360	9	15.8
东北	22.5~67.5	5	8.8
东	67.5~112.5	11	19.3
东南	112.5~157.5	11	19.3

续表

坡向	坡向值/(°)	村落个数/个	村落比例/(%)
南	157.5~202.5	11	19.3
西南	202.5~247.5	5	8.8
西	247.5~292.5	2	3.5
西北	292.5~337.5	3	5.2

图 2-12　永定河流域坡向分析图
（来源：自绘）

　　永定河流域所处山系为太行山脉，整体走势为从东北向西南，所以山坡的阳面为东、东南、南三个方位。从表格可以看出，传统村落也集中分布于东至南的方向上，有约 61.4% 的村落位于阳坡（表 2-5、图 2-13）。阳坡的日照时间长、气温高，相较于阴坡更有利于农作物、林木生长。在实地调研的过程中，发现有一些村落具有十分优越的农作物，如涧沟村的高山玫瑰、樱桃沟村的樱桃、燕家台村的忠梁苹果等。独特的地理环境和气候条件，使得这些农产品质量较高，传统村落也因此形成农业、观光、采摘相结合的现代产业，促进了村落的经济发展。

表 2-5 阴坡与阳坡传统村落分布情况

坡向	坡向值/(°)	村落个数/(个)	村落比例/(%)
阴坡	0~90，270~360	22	38.6
阳坡	90~270	35	61.4

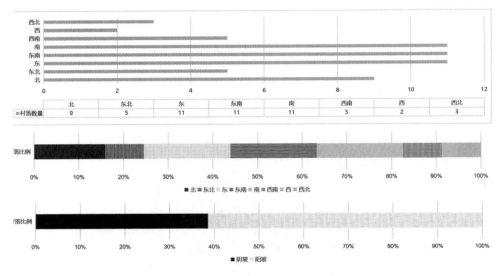

图 2-13 不同坡向传统村落分布情况
（来源：自绘）

3. 河流水系

首先，水作为人类生活生产最基本的资源，是人类聚落形成的重要因素。河流与河谷作为"自然的交通孔道"，在一定区域范围内，具有"内部一致性"和"相对独立性"，催生了特有的地域文化。[1]永定河属于海河流域，是海河水系中的五大支流之一。整个流域西北高、东南低，流经了高原、山地和平原三种地形区域，支流众多，河系复杂。

根据海河流域特殊的地形地貌特征，可以将流域内河流分为两大类。第一类河流发

---

[1]鲁西奇曾在《区域历史地理研究：对象与方法——汉水流域的个案考察》中阐述了该观点，孙靖国在《桑干河流域历史城市地理研究》中进行了引述，并特别强调研究区域范围的选择对于"一致性"和"独立性"的呈现格外重要。

源于内蒙古高原和黄土高原，河流所经之地黄土分布多、植被覆盖率低，所以每到雨季，水土流失十分严重，河水含沙量大，其中永定河是含沙量最大的河流。第二类河流发源于燕山和太行山，源短流急，因流经区域多为石质山地，所以其含沙量较小。从20世纪70年代开始，永定河流域的降水量逐渐减少，大约减少了10%。同时，上游流域水土流失严重，并且由于逐层筑坝拦截用水，沿线各地耗水量猛增，导致永定河多段河流干枯，地下水水位下降，局部河床沙化，生态系统退化严重[1]。直至2018年，永定河流域综合治理与生态修复项目进入实施阶段，在2020年实现了全线通水，多年断流的永定河再次恢复生机。

通过ArcGIS软件，对永定河流域的河流进行水文分析，旨在掌握其基本的水文特征，而后将分析结果与传统村落进行叠加，获取传统村落选址与河流水系之间的关系。首先对永定河流域的高程地形图进行填注，即填平地形的凹陷处，完成地形预处理。然后运用水文分析工具中的流向功能，生成填注后高程地形图的流向栅格数据，再依据流向栅格数据进行流量统计，但这里的流量不是指水文监测中的实际水流量，而是对流向栅格数据进行汇总，每一个流量栅格像元所记录的是流向该栅格的数量总和。最后运用河网链接工具，将流量栅格数据中离散的点连接成线，如此便提取出了永定河流域的河网水系。这里还根据水系栅格数据与流向栅格数据进行了河网分级，将整个流域的河流按照从小到大划分为五级，1、2、3级河流主要发源于山间的支流，4级为清水河，5级为永定河（图2-14）。

判断村落与河流之间的空间关系，最为直接的方法就是进行缓冲区分析[2]。首先要确定各个缓冲区之间的距离，通过ArcGIS中的近邻分析工具计算各传统村落与河流的最近距离，得到村落与河流之间的最短距离为3.33 m，最长距离为1654.40 m，平均距离约为276.52 m。而后结合自然间断点分级法，将最近距离划分为四个区间，依次为3~200 m、200~400 m、400~900 m、900~1655 m。最后便根据此距离区间对河流进行缓冲

---

[1] 张连伟，张琳.北京永定河流域生态环境的演变和治理[J].北京联合大学学报（人文社会科学版），2017，15（1）：118-124.
[2] 陈君子，刘大均，周勇，朱爱琴，肖鹏南.嘉陵江流域传统村落空间分布及成因分析[J].经济地理，2018，38（2）：148-153.

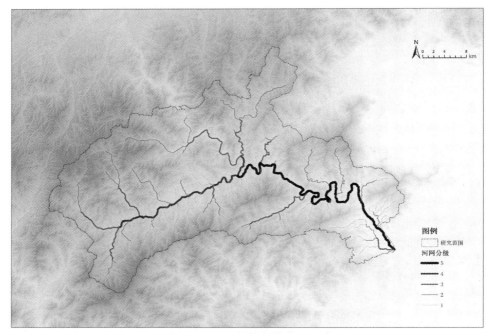

图 2-14 永定河流域河网分级图
（来源：自绘）

区分析，并统计不同缓冲区内传统村落的数量。根据统计结果发现，有 59.6% 的传统村落距离河流不超 200 m，随着距离的增加，村落逐渐减少，体现了传统村落在选址时的亲水性（表 2-6、图 2-15、图 2-16）。

表 2-6 不同距离缓冲区传统村落分布情况

缓冲区	距离 /m	村落数量 / 个	村落比例 /（%）
1	3~200	34	59.6
2	200~400	10	17.5
3	400~900	10	17.5
4	900~1655	3	5.4
总计		57	100

2 京西传统村落的空间特征

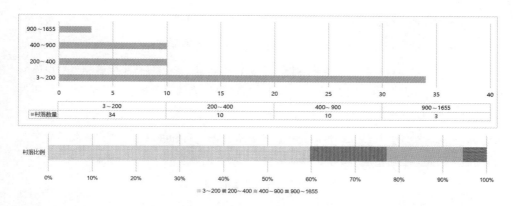

图 2-15 不同距离缓冲区传统村落分布情况
（来源：自绘）

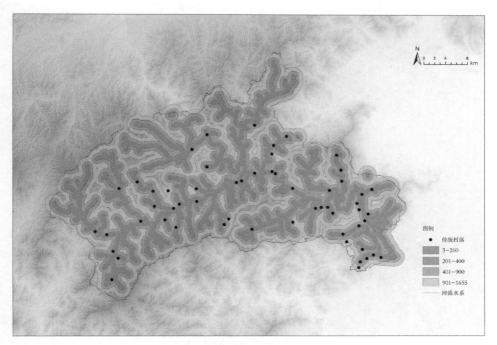

图 2-16 河流缓冲区分析图
（来源：自绘）

这里的缓冲区分析是在不同河流作用力度相同的前提下，但实际上，各个等级的河流在流域和流量上均有所不同，所以其对传统村落选址的影响也会有所差异。为了印证村落与不同等级河流的空间关系，我们对不同缓冲区内，与传统村落距离最近的河流等级进行统计，结果显示（表2-7），靠近1、2、3级河流的村落最多，共计45个，所占比例为78.9%，其次为5级的永定河，邻近村落有11个，最后为4级的清水河，邻近村落仅有1个。所以，村落在选址时更倾向于靠近支流，支流可以满足村民在生活生产方面的需求，同时更加稳定、安全，降低了被洪水破坏的风险。

表 2-7 传统村落最近邻河流等级

缓冲区距离 /m	村落名称	最近邻河流等级
3~200	向阳口村	1
	淤白村	1
	田庄村	2
	沿河城村	3
	碣石村	1
	涧沟村	2
	雁翅村	5
	樱桃沟村	2
	河南台村	5
	青白口村	4
	柏峪村	2
	下苇甸村	2
	东杨坨村	2
	安家庄村	5
	爨底下村	2
	桃园村	2
	黄岭西村	1
	东石古岩村	5
	西石古岩村	5
	韭园村	1
	上清水村	3
	吕家村	1
	大三里村	1
	千军台村	3
	张家庄村	3

续表

缓冲区距离/m	村落名称	最近邻河流等级
3~200	东龙门村	1
	门头口村	1
	杜家庄村	3
	万佛堂村	1
	塔河村	3
	卧龙岗村	3
	峃罗坨村	1
	栗园庄村	1
	张家铺村	1
200~400	大村	2
	太子墓村	5
	付家台村	5
	燕家台村	2
	东斋堂村	1
	军庄村	2
	西胡林村	1
	城子村	5
	马栏村	1
	黄安村	1
400~900	苇子水村	3
	灵水村	1
	琉璃渠村	5
	龙泉务村	5
	河北村	5
	西斋堂村	2
	杨家峪村	1
	三家店村	1

续表

缓冲区距离 /m	村落名称	最近邻河流等级
400~900	王平口村	1
	石门营村	1
900~1655	灵岳寺村	1
	赵家洼村	1
	石佛村	1

2.3.2 社会人文要素

1. 宗教文化

永定河流域内的宗教文化异常丰富，道观佛寺数量多、类型全，包括佛教、道教以及民间信仰，主要供奉有龙王、碧霞元君、关帝、观音、五道爷等。根据不完全统计，历史上门头沟区内大约有375座寺庙，不过在战争、社会变革、现代发展等因素影响下，许多寺庙已经破败、消失。依据《北京市不可移动文物目录》，将流域内登记在册的宗教建筑进行统计，共计127个。结合官方数据、历史资料、实地调研等，确定了宗教建筑所在的具体位置，得到了永定河流域宗教建筑整体分布图。但其中一些建筑因破坏严重，仅存地基或部分构件，所以难以确定其真实的历史位置，针对此类情况，主要根据其与村落、山水之间的空间关系，大致估计其地点。

村落的选址及村落自身的文化活动，都与宗教建筑有着千丝万缕的关系。一些村落因寺庙而生，例如灵岳寺村、斋堂村，都是为灵岳寺的僧人和香客提供斋饭而逐渐形成的村落，是依托灵岳寺发展而来的。又或是村落与寺庙的发展、衰败同步，一些香火旺盛的寺庙会带动周边村落的经济发展和提高文化交流程度，例如妙峰山娘娘庙、潭柘寺、戒台寺等，同时也有一些村落因为寺庙的没落或损毁而减缓发展。整体来看，规模大、等级高的寺庙，对于村落的影响程度更大。根据这些寺庙的名称，可以将流域内的宗教建筑划分为三类，即寺庵、庙、观（表2-8、图2-17），它们在功能、规模及供奉的神仙上有所不同，对村落的影响也存在差异。首先从严格意义上来讲，"寺"和"庙"是不同的，"寺"在古代最初是国家的行政机关，比如大理寺、太常寺，后来佛教传入我国，统治者为了更好地传播佛教思想，便兴建了中国第一古刹——白马寺，而后"寺"就成为象征佛教活动的场所。其中"庵"也是一种寺，但其规模较小，是为出家女子提供的修行场所。而"庙"根源于我国传统的道教体系，以供奉祖先、朝奉祭祀为主，为的是祈求天下太平，风调雨顺。从某种意义上来讲，庙与祠堂如出一辙，都是以供祭祖先来达到内心祈愿为主要目的。"观"主要是指道教建筑，是道教的宗教活动场所。因此从宗教建筑的功能上来看，寺、庵、观主要是为僧侣、道士提供的宣讲、修行的场所，而庙是依托于中国民间对祖先、天地鬼神的崇拜信仰。不过在后来的宗教发展中，这三类信仰逐渐融合，所以建筑本身的功能也趋于多样化。

表 2-8　永定河流域宗教建筑类型与数量

类型	主要功能	数量/个	比例/（%）
寺庵	国家行政机关、佛教活动场所	46	36.2
庙	根源于传统道教，以供奉祖先、朝奉祭祀为主	77	60.6
观	道教活动场所	4	3.2
合计		127	100

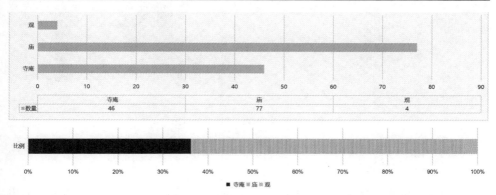

图 2-17　永定河流域各类宗教建筑数量与比例
（来源：自绘）

2. 宗教建筑的整体分布情况

宗教建筑主要集中分布在永定河中下游流域，整体形成四个核心区域，分别为王平镇 - 龙泉镇、戒台寺 - 潭柘寺、白瀑寺和板桥村（图 2-18），同时这些核心点与传统村落的高密度分布区形成部分重合，表明了村落选址与宗教文化之间存在一定的相关性。历史资料显示，在这四个核心区域内都曾分布有大规模、高等级的寺庙，且建成年代久远，有的甚至要早于北京城，如龙泉务村的椒园寺、三家店村的白衣观音庵、戒台寺、潭柘寺、大台玉皇庙、白瀑寺等。这些寺庙在一定区域内形成了文化极核效应，对村落的形成与发展起到了推动作用。

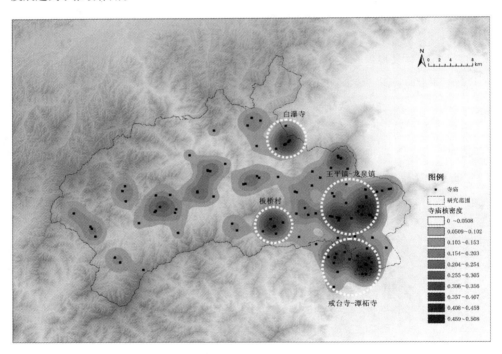

图 2-18　寺庙建筑核密度分析图
（来源：自绘）

3. 寺庵对村落选址的影响

寺庵建筑大约占所有寺庙的 36.2%。从空间分布上来看，寺庵建筑主要集中于永定河下游平原地区，形成了以戒台寺、潭柘寺、龙泉镇为核心的集聚区。而上游区域的寺庵因多位于山中，各点之间距离较远，所以分布离散，整体性较差，表现为点状的分布特征（图2-19）。

从建筑规模和等级上来看，寺庵要比庙具有更大的影响力。从时间线索上来看，寺庵多形成于明代以前或明代早期，而庙主要形成于明、清、民国时期，所以寺庵更有可能对村落的选址产生影响。通过ArcGIS近邻分析工具，确定各个村落与寺庵建筑之间的最近距离，以此判断村落选址与寺庵建筑的关系。根据分析结果，村落与寺庵建筑的最短距离为0，最长距离为9271 m左右。考虑到部分寺庵建筑位于村落内部，此处将结合实际情况，把400 m作为界定寺庵建筑是否位于村落内部的标准，然后结合自然间断点分级法，将村落与寺庵建筑的最近距离划分为五类，依次是0~400 m、400~1800 m、1800~3600 m、3600~6400 m、6400~9271 m，各距离区间所含村落数量如表2-9所示。

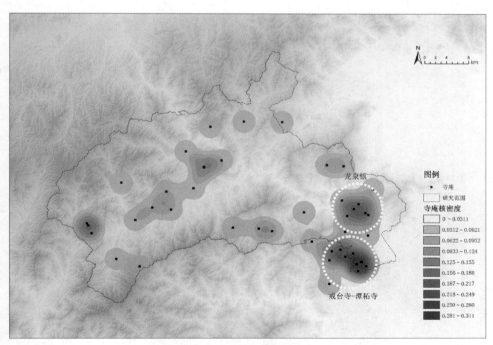

图2-19 寺庵建筑核密度分析图
（来源：自绘）

表 2-9　传统村落与寺庵建筑的最邻近距离

最邻近距离 /m	村落数量 / 个	村落比例 / (%)
0~400	12	21.1
400~1800	16	28.1
1800~3600	19	33.3
3600~6400	8	14
6400~9271	2	3.5
总计	57	100

结合历史资料与实地调研情况，与寺庵建筑距离小于1800 m的村落，其选址和后期发展会受到寺庵建筑的影响。但当村落与寺庵建筑距离大于1800 m时，由于两者距离较远，且容易受到山体、河流等阻断，因此这类村落选址是否受到寺庵建筑的影响并不能完全确定。从空间分布上来看（图2-20），距离寺庵建筑在1800 m以内的村落，主要集中在永定河下游，并散布于西部山区，与寺庵建筑的高密度区相吻合。也就是说，历史上的永定河下游佛教文化兴盛，这直接影响了传统村落的选址与布局，村落会在自然环境适宜的前提下，更倾向于靠近寺庵建筑。

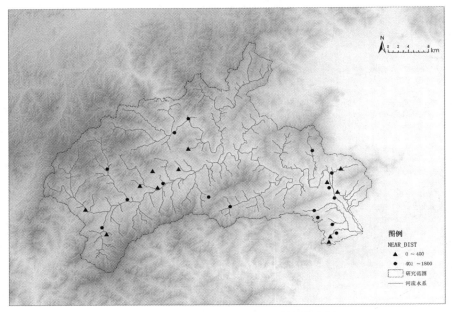

图 2-20　距离寺庵建筑小于 1800 m 的村落分布图
（来源：自绘）

2 京西传统村落的空间特征

4. 庙的空间分布与文化属性

在永定河流域内，以"庙"为名称的宗教建筑最多，占所有寺庙的 60.6%，其中又以关帝庙数量最多，共有 19 个，之后为龙王庙、娘娘庙、菩萨庙、五道庙等。不过，这些"庙"大多位于村落内部，属于村落级别的祭祀场所，是村落建成以后的产物，所以它们与村落本身的选址没有相关性。但也有一些独立于村落之外的庙，这些庙形成年代较早，且规模大，影响范围广，如妙峰山娘娘庙、北港沟娘娘庙等，它们作为京西地区重要的礼佛拜神场所，对周边村落的形成与发展产生了一定的影响。

从空间上来看，"庙"主要分布在永定河中游流域，即清水河汇入口至永定河出山口，并形成以龙泉镇、王平镇、板桥村、淤白村为核心的 4 个高密度区（图 2-21）。其中关帝庙主要以王平镇为中心，在京西与北京城的交界处，形成了从妙峰山至戒台寺的带状

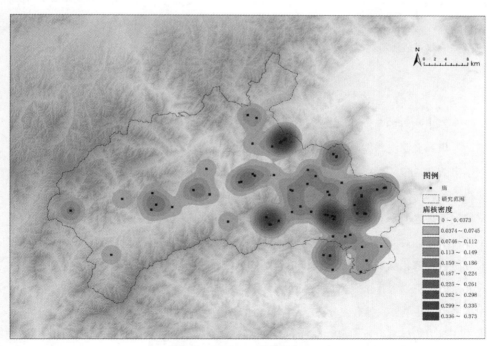

图 2-21 "庙"的空间分布图
（来源：自绘）

区域。关帝庙的建立为平原地区与山区之间的交流提供了场所，实现了平原地区在向山区过渡中的文化衔接。同时，关帝所代表的形象象征着中华民族的传统文化，关帝庙的聚集，在一定程度上反映了该地区曾经频繁开展过丰富的传统文化活动。龙王庙主要沿永定河两岸分布，整体表现出明显的线状特征，这主要是因为永定河两岸村落容易遭受洪水灾害，所以村民拜龙王以祈求风调雨顺，免受洪水侵袭。板桥村和淤白村附近的庙宇也十分集中，但它们在宗教文化的信仰上与以上两个区域有所不同，这里的庙宇类型比较丰富，涵盖了关帝庙、龙王庙、娘娘庙、五道庙、玉皇庙、马王庙、菩萨庙共七种，形成了多样的综合文化区域。

综上所述，京西永定河流域有着大量且丰富的宗教建筑，它们主要集中在永定河的中游和下游区域。其中，寺庵建筑集中分布在河流下游，兴盛的佛教文化推动了当地村落的形成与发展，它们对于村落的选址和布局有着直接的影响。而庙则集中分布在河流中游地区，它们与村落的选址没有直接相关性，但不同类型的庙反映了不同的文化内涵与精神信仰，是传统村落中文化的集中表现。

5. 军事防御

从军事战略的角度来看，北京的西部与北部作为连接华北平原与蒙古高原的战略要道，是华夏文明与北方游牧文明的撞击点，自古以来就是兵家必争之地，占据非常重要的军事防御地位。历史上著名的涿鹿之战就发生在永定河上游沿岸，这一战事让华夏文明得以延续与发展。此后，华夏文明的中心逐渐向永定河下游移动。周朝时期，在今北京城附近兴建了一个文化军事重镇——蓟。到了公元 10—13 世纪，中国的大气候进入一个寒冷期，这对北方地区逐水草而居的游牧民造成较大威胁。所以在辽、金、元时期，北方游牧民族相继崛起，永定河流域自是战事四起，民族纷争和政权更迭十分频繁。纵观北京的历史发展，永定河可以说是参与了北京城的各个时期，见证了民族纷争与整个中华民族的斗争史，具有十分深厚的军事文化内涵。

正是因为战事频繁，所以北京的西北部建设有众多的军事防御设施，包括长城、关津、堡寨等。从明长城的分布图（图 2-22）来看，永定河流域，即门头沟一带的长城是连接居庸关与紫荆关的内关长城,是京西的重要防线,共长16325 m[1]。现在该段长城损毁严重,城墙结构断断续续,但还保留一些关口、堡寨等遗址。综合参考《四镇三关志》《畿辅通志》《长安客话》《门头沟区地名志》《门头沟村落文化志》《北京沿河城军事历史地理研究》等文献,永定河流域及其周边共有关口27座,包括沿河口、石港口、东小龙门口、天津关口、爨里口、东龙门口、天桥关口、梨园岭口、滑车安口、天门关口、洪水口、乾涧口、恶峪涧口、夹耳安口、西小龙门口、支锅石口、毛葫芦安口、齐家庄、斋堂城、安祖寨、门头口、峰口庵关城、十字道关城、王平口关城、大寒岭关城、牛角岭关城和长峪城[2]。通过查询历史资料和图档,确定了这些关口的位置。这些关口主要分布于西部的山地区域,形成了以龙门涧大峡谷为核心的军事防御体系,该峡谷西邻灵山,东接黄草梁,具有十分显要的地理位置。

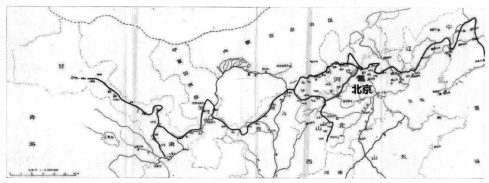

图 2-22 明长城分布图
（来源：引自《明长城考实》）

军防设施的建设在一定程度上影响了西部山区村落的选址。第一,关口周边为了加强防守,会设置多层守备,以斋堂城为例,沿河城守备李化龙为了便于获取增援,于明万历年间在斋堂村建设了斋堂城,在一定程度上提高了村落的军事地位,推动了斋堂村的发展。第二,驻扎关口的士兵需要在当地及周边定居,以此逐渐形成村落,即军户村。在柏峪村居住的就是明代驻守天津关的将士后裔,村中至今还保留着原有的军防设施和

---

[1] 张鸥.北京明长城分布现状及其损毁保护的研究[D].北京:首都师范大学,2007.
[2] 畿辅通志（卷四十）·关津[M].上海:上海古籍出版社,1991.

军户习俗[1]。第三，明代时期各关口曾设立巡检司，为的是加强对周边地区的管理，该部门主要负责清厘百姓籍贯、催缴钱粮等工作，所以在村落的管理上不同于其他地区，具有较强的军事文化内涵。

2.3.3 交通廊道要素

1. 前工业时代

道路交通对于任何城市和地区的发展都具有十分重要的作用。自北京建都后，北京城内资源需求大幅增多，京西地区逐渐形成了用于运输物资和矿产的交通道路，构建起东连北京城、西达冀晋蒙的道路网络系统[2]（图2-23）。在牛角岭关城所立的《重修西山大路碑》中，也有过详细的记载："盖闻造桥梁以济人渡，修道路以便人行，务民之义，此善举之第一也。况西山一带，仰赖乌金以资生理，而京师炊爨之用，尤不可缺。道路忽而梗塞，各行生计攸关。"[3]这体现出了道路对于京西地区的重要作用。京西古道经历了长久的历史发展，从早期人类沿河谷而上的迁徙路线，到元明时期渐成体系的商贸路网，古道路线与永定河，与京西众多村落都有着密不可分的关系。

从京西古道的分布图来看，道路多是沿河流谷地向内延伸的，这主要是因为河流两侧海拔低、坡度缓，而且可以及时补充水资源，有利于形成通畅无阻的道路系统，保证交通运输的时效性和安全性。

按照功能来分，京西古道主要包括三类。第一类是军道，连接西部山区的各个关口，其中最为主要的是西奚古道。西奚古道从东北向西南将居庸关和紫荆关连接在一起，该道路沿刘家峪沟的沟谷地带，跨过京西北部各大山系，途经大村、向阳口村、沿河城村和燕家台村。这些村落多是依托边关关口发展演化而来的，所以与军道之间的关系也十分密切。第二类是香道，主要以潭柘寺、戒台寺、妙峰山娘娘庙、白瀑寺等寺庙为终点，

---

[1] 赵永高. 长城脚下的军户村 [J]. 北京观察，2018（6）：68-71.
[2] 赵荣. 文化线路视角下京西古道景观要素研究 [D]. 天津：天津大学，2018.
[3] 北京门头沟村落文化志编委会. 北京门头沟村落文化志 [M]. 北京：北京燕山出版社，2008.

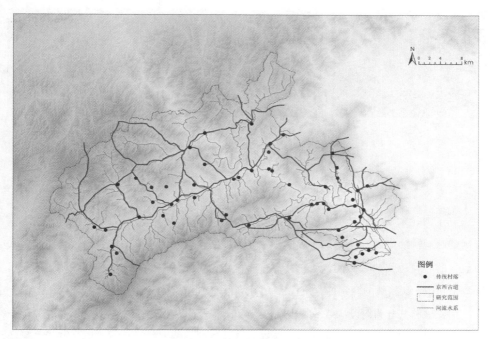

图 2-23 京西古道分布图
（来源：引自《明长城考实》）

形成祭祀社神、开展民俗活动的进香之道。香道与寺庙之间具有直接联系，所以寺庙集中的地方也是香道路网发达的地方，主要汇聚在永定河的下游地区。香道的建立，不仅方便了各地香客通行，更是推动了沿线村落的发展，每逢开展进香活动，村落便化身为驿站，为沿途香客提供茶水和饮食，带动当地的经济发展。第三类为商道，它是京西地区商旅通行的必经之路，这类古道主要承担了北京与山西之间的贸易往来，沿线分布有许多驿站，为客商马队提供食宿服务，包括三家店、琉璃渠、水峪嘴、韭园、东石古岩、王平等村落，它们在商业的带动下逐渐形成规模，演化成村落。例如琉璃渠村，西山大路穿村而过，沿街两侧分布有天盛店、杨煤场等店铺，种类繁多、商业发达，是古道沿线著名的商业街。早期琉璃渠村的空间形态主要是沿商业街呈线状发展，后来随着现代交通的发展，古道功能降低，村落才逐渐向周边扩散开来（图 2-24）。

军道（沿河城村）　　　香道（桃园村）　　　商道（东石古岩村）

图 2-24　各种类型的古道与河流、村落空间关系
（来源：自摄、自绘）

2. 近现代以来

到了清代末期，现代交通工具逐渐发展起来，原有的古道、渡口等交通方式已无法满足资源运输的需求。因此，京西地区建设了铁路运输专线——京门铁路，旨在将门头沟地区的煤炭运到北京城区。后来又在京门铁路的线路基础上修建了门斋铁路，即从门头沟站开始，铁路线向西延伸，直接深入大台、斋堂等煤矿产区（图 2-25）。

门斋铁路共分为两段。第一段起始于门头沟站，沿永定河向西铺设，在经过丁家滩、色树坟、清水涧后，线路转向西南，最终到达板桥站。第二段是从清水涧站开始，继续沿永定河前进，在到达付家台村后转向清水河沿岸，最终到达斋堂站。这两段铁路分别于 1927 年和 1931 年实现全面通车，大大提高了门头沟矿区的运输能力。但是后期由于频繁的战争，门斋铁路损毁严重，到了 1937 年，这条铁路就只剩下门头沟到清水涧这一小段线路[1]。今天我们所看到的门斋铁路，其实是后来重建的，并在原有线路的基础上增设了野溪站、落坡岭站和大台站。

在现代交通工具发展之前，京西地区的村落格局就已基本形成，所以铁路的开通并没有影响村落的选址。通过对比不同时期的卫星影像图可以发现，铁路对于村落空间肌理，尤其是对设有车站的村落，有着较大的影响。以丁家滩村为例，门斋铁路由南至北穿村而过，丁家滩站就设于村落的中心位置。村落早期的空间主要顺山势向上发展，形成背山面水的自然山水格局。但在京门铁路通行后，村落空间主要沿铁路线向南、北方向展开，逐渐形成以铁路为中心的线状空间格局。

---

[1] 李琮. 京门铁路的修建历程[J]. 北京档案，2017（4）：51-54.

2　京西传统村落的空间特征

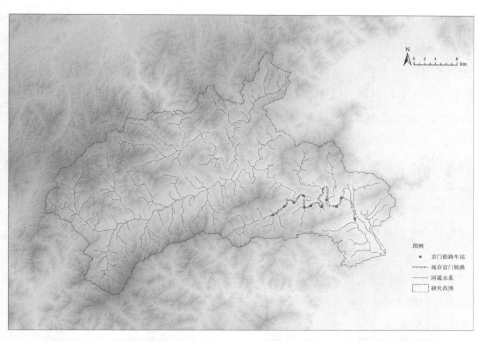

永定河铁路桥

丁家滩村铁路现状

野溪村铁路现状

色树坟村铁路现状

图 2-25　京门铁路线路图及沿村现状
（来源：自绘、自摄）

2.4 小结

本章运用地理学的研究方法，通过 ArcGIS 工具分析了传统村落的空间分布特征。从流域的视角看传统村落，从整体上把握永定河与村落的空间关系。主要得出以下几点结论。

首先，城市的发展进程决定了京西地区的人口规模和村落数量，尤以明代时期的村落发展速度最快。而且随着时间的推移，村落发展重心逐渐从永定河上游山区转移至下游平原、从永定河干流向山间支流扩散，这主要是受到城市建设、军事边防及道路交通的影响。

其次，永定河流域的地形条件直接影响了传统村落的空间分布密度。根据分析发现，传统村落主要分布在河流中下游的丘陵、平原地区，以王平镇、龙泉镇、永定镇最为集中。

再次，永定河流域传统村落在选址时表现出一定的亲水性，有 59.6% 的村落位于距河流 200 m 以内的范围内，并且随着距离的增加，村落逐渐减少。同时，相较于水流量大的永定河和清水河，村落在选址时更倾向于靠近支流。

总体而言，将反映永定河文化的寺庙、关口、古道、渡口、铁路等社会人文要素转化为空间数据，与传统村落进行叠加分析后可知：规模等级高的寺庵建筑对村落选址具有一定影响，尤以距离村落 1800 m 以内的寺庵建筑的影响力最大；军户村的形成与分布，与明代关口有直接相关性；古道、渡口、铁路等交通要素均沿永定河水系展开，河流为其提供了基本的发展条件，它们直接或间接地影响了传统村落的选址与空间格局。

3 流域之中的传统村落共生

通过分析京西地区自然、社会、交通等环境要素，可知水系、驿道、铁路等为廊道沿线村落提供了赖以生存的资源，在长时段中构筑文化基础、建构防御体系，促进了区域内外的联系。其中，水系的作用是基础性的，在人与河流长久相依的过程中，水系对聚落的影响不断加深。从最基本的取水灌溉，到营建各种人工水利设施，满足用水、防水及跨水的需求，再到依托水组织各种民俗活动，一些聚落更是因为冲要的自然山水格局，成为边防地区重要的防御关口。

本章根据河流对聚落生活影响的层次，由浅入深，以村落单元为主体，分析河流影响下的村落空间营建情况。首先，立足生活用水、农田灌溉的自然属性，分析不同等级河流沿岸村落在山、水、田、村空间布局上的差异，以及村落为了解决季节性缺水、洪水等水资源问题而开展的水利设施建设。其次，关注河流的文化属性，永定河流域在漫长的历史演进过程中衍生了诸如求雨、祭拜龙王、庙会等民俗信仰活动，这些活动的开展持续推动着村落内部公共空间的产生和更新。最后，从军事防御的角度来看，一些村落是基于关口、关城演化而来的，其特殊的山水环境使得村落被赋予不同的意义，河流在村落防御层面发挥着不可或缺的作用。

3.1 取水营田

基于对永定河水系的分析，可知传统村落在选址拓展的过程中，相较于永定河、清水河这类流量大的河流，更倾向于选择靠近水流量小的支流。不同等级河流在水文条件上的差异，催生了村落不同的空间格局。按照永定河、清水河和支流三个等级层次，可以分析不同河流对传统村落土地利用和空间布局的影响。

3.1.1 永定河沿线村落

根据第二章空间范围的限定，在57个传统村落中，共有11个村落临近永定河，包括付家台村、太子墓村、雁翅村、河南台村、安家庄村、河北村、东石古岩村、西石古岩村、琉璃渠村、龙泉务村和城子村。在这些村落中，雁翅村与永定河的距离最小，约为160 m，河北村与永定河距离最大，约为590 m。从地理位置和地形上来看，这些村落多位于永定河中游丘陵地区。

永定河跨越了山地、丘陵和平原等多个地形区，水文环境受到沿线地段的影响，河流形态也呈现出一定的差异性，这种河流形态会影响村落的选址和空间布局。河流形态简称为"河型"，指的是一条自然河流所呈现出来的形态，主要受到泥沙输送速率、河岸边界冲刷力及河谷地形的影响。当下，国内外关于河型的分类还没有一个统一的标准，但各个分类体系都建立在顺直河型与弯曲河型这两种基本类型之上[1][2]。不过，各种河型之间并不是非此即彼的状态，河流是从一种形态转向另一种形态的连续形体，判断某段河流的曲直性，主要依据河流弯曲系数，即某段河流的实际长度与直线长度的比值。一般来说，当河流弯曲系数大于1.2时，它可以被看作弯曲河型[3]。所以按照此标准，可以分别对永定河顺直河道与弯曲河道的村落空间进行分析（图3-1）。

根据永定河沿岸村落的实际分布情况来看，丘陵地区的村落多位于弯曲河道附近。这主要是因为河流在转弯时受到离心力作用，使得河流两岸产生沉积和侵蚀现象。产生沉积现象的一侧称为凸岸，凸岸坡度缓、离水近，且有泥沙堆积，易于形成肥沃的土地，适合农田耕种和聚落生长。而受到侵蚀的一侧为凹岸，凹岸的冲刷力较强，不易产生淤积，但因为水流速度快、河水深，所以凹岸往往不是聚落选址的最佳点。

---

[1] 吴昌洪，林木松，柳小珊，等.河型分类研究现状与展望[J].人民长江，2014，45（1）：6-10+65.
[2] 陶杰，史传文.冲积河流河型自然分类方法研究[J].人民黄河，2010，32（8）：3-4+7.
[3] 陈宝冲.河型分类[J].泥沙研究，1992（1）：100-104.

3　流域之中的传统村落共生

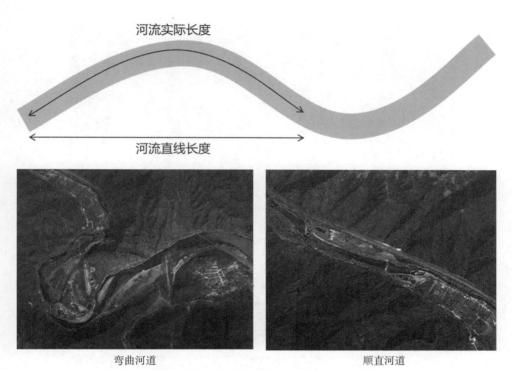

图 3-1　河型分类
（来源：根据 Google Earth 影像绘制）

永定河沿岸村落位于凸岸的包括付家台村、太子墓村、雁翅村、河南台村、河北村、西石古岩村、东石古岩村等（图3-2）。通过提取村落当下的空间肌理，并参考从20世纪60年代至今的卫星影像图，可以发现村落整体的空间格局主要是沿河流呈线状发展，并在土地利用上形成"水—田—村—山"的空间序列，即人们在永定河的凸岸沿岸进行集中连片的农田耕种，农田后方为村庄的建设区域，村庄后方为山地空间。其实，山地空间是村落早期农田开垦和村庄建设的主要承担地，这主要是因为历史上永定河时常发生水灾，在河岸两侧承担的风险较高，所以村落主要是沿山坡发展的。随着永定河河水自身的水量变化及人们对其开展的一系列水利改造，永定河河水得到了很好的控制，河流两岸土地的可利用性逐渐增强，空间布局形式亦逐渐固定下来。

以付家台村为例，该村整体位于一片丘陵高地上，其北侧依靠山地，永定河从西、

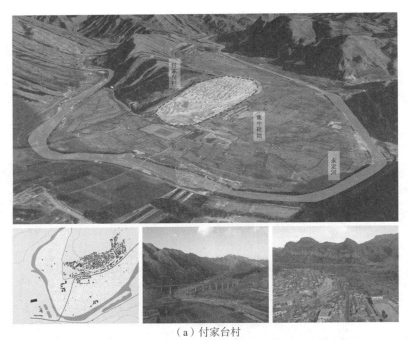

(a）付家台村

(b）河北村、色树坟村、西石古岩村

3 流域之中的传统村落共生

（c）东石古岩村

（d）太子墓村

(e) 雁翅村、河南台村

图 3-2　永定河凸岸村落空间格局
（来源：自摄、自绘）

南、东三面环绕村落而过。通过对比多个时期的卫星影像图，可知付家台村主要是沿永定河自西南向东北发展的，村落内部以一条东西走向的街巷为核心，次要街巷垂直衔接在主街巷上，形成鱼骨状的街巷格局。村落与河流之间开垦了大片田地，因村落位于永定河与清水河的交汇处，周边水资源十分丰富，所以该村在取水和灌溉上具有一定优势。但因为地势的原因，历史上的付家台村经常遭受永定河洪水侵袭，为了改变这种情况，当地百姓从清光绪年间就开始集资筑渠，直到 1933 年，这项工程才真正完成。水渠的筑成，不仅解决了当地易受水灾的问题，还为后来河边农田的开垦灌溉提供了优越条件。

3.1.2　清水河沿线村落

相较于蜿蜒曲折的永定河来说，清水河整体形态较为稳定。同时，清水河位于西部山区内，其干流上连接了众多来自山间的支流，遵循村落"近支流远干流"的选址特征，清水河沿线的村落更倾向于靠近支流，而非清水河。所以在传统村落距离河流的最近邻分析中，仅有青白口村一个村落靠近清水河。青白口村位于清水河与永定河的交汇口，与付家台村分列永定河两岸，整个村落顺应两河夹角形成一个三角形。青白口村整体建设于一处丘陵高地上，周边沿河低地用于农作物耕种，形成水包田、田包村的空间格局（图 3-3）。

3 流域之中的传统村落共生

青白口村

图 3-3 青白口村空间格局
（来源：自摄、自绘）

青白口村位于两河交汇处的选址特点，其实并非个例。在清水河干流沿线，虽然村落在距离上更靠近支流，但根据村落的空间分布情况可以看出，这些村落均位于支流汇入清水河的汇水口附近。也就是说，清水河沿线村落在选址上同时具备两个特征，一是倾向于支流与干流的交汇口，二是在距离上更靠近支流。

支流在汇入干流时，会形成一片三角洲，即河口冲积平原。这里水源充沛、地面平坦、土质肥沃，非常适于村落生长。从空间上来看，这些村落的边界会受到水系形态的影响，村落主要是沿两条河流的夹角方向不断发展的,并且充分利用三角洲地带的自然优势,在河岸两侧有大片农田,与村庄形成包围或半包围式的空间关系。同时,河流交汇口往往会聚集大量的人流和物流,是天然的交通枢纽。事实上,无论是乡村还是城市,人们都倾向于选择河流交汇处作为聚居地,优越的区位条件给乡村和城市的发展带来了机会。

3.1.3 支流与村落空间关系

永定河流域内的细小支流均发源于山间高地,其中以西部山区支流最为密集。这些支流顺应地势高差从山中倾泻而来,最终汇入永定河与清水河。由于受到地形地貌的限制,河流流域面积狭小,且走向自由,这就使得河流在雨季特别容易暴发山洪,而在旱季又会出现断流缺水的现象。在这种极端的自然条件下,村落选址与空间布局更要因地制宜,既能规避洪水,又能便于用水,所以山地村落与河流之间的空间关系也更加复杂、多样。

1. 水从村旁经过

在清水河的上游地区,即清水镇一带,分布有灵山、百花山等海拔较高的山体。由于地势的落差大,所以水流速度较快、冲刷力强。沿岸的村落为了降低洪灾风险,多选址于河流一侧,让水从村旁经过。由于水流的搬运能力和沉积现象明显,所以这一带河流的经过之地易于形成大片平坦的土地,各村落便顺应水流冲积形成的沟涧,呈带状排布。村落个体在空间布局上也具有区域一致性,主要按照田—村—田的空间序列分布。

以齐家庄沟为例,齐家庄沟汇聚了源自灵山的小龙门沟、洪水口沟和瓦窑沟,从西北至东南,穿过层层山地,最终融入清水河。齐家庄村、张家庄村和杜家庄村便分布于齐家庄沟的一侧,利用水流冲积形成的河间谷地进行村庄建设和农田耕种,形成背山面水、村田连接的自然格局。同样,从龙门涧大峡谷中倾泻而下的龙门涧沟,与齐家庄沟有着相似的地理环境。燕家台村、李家庄村、梁家台上村、梁家台下村依次分布于龙门涧沟一侧,河流最终于上清水村汇入清水河。村落利用河道两侧平坦肥沃的土地进行耕种和建设,形成连绵不断的带状村田格局(图3-4)。

河流的水文特性直接影响了村落,甚至一定区域内村落群的空间特征,这对于研究

3　流域之中的传统村落共生

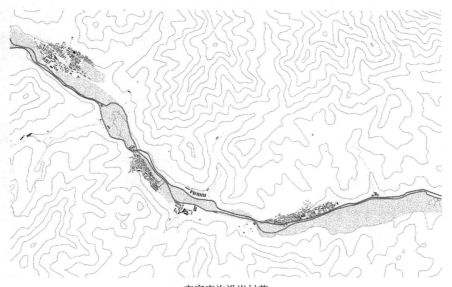

齐家庄沟沿岸村落

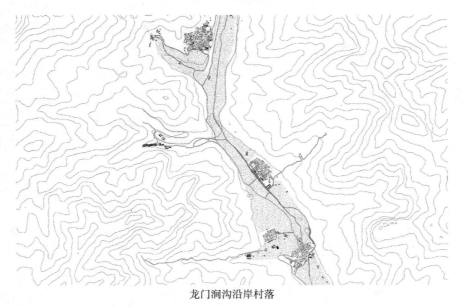

龙门涧沟沿岸村落

图 3-4　齐家庄沟、龙门涧沟沿岸村落空间格局
（来源：自摄、自绘）

京西传统村落是非常重要的。这些村落同处于永定河这一大环境中，所以它们会在空间格局、空间营建上表现出一定的相似性，而永定河整体的小环境，会直接影响周边村落，使村落形成独具特色的空间特征。

2. 水从村中穿过

齐家庄沟、龙门涧沟沿岸的村落在空间上表现出一定的集聚性，但绝大部分山地村落都分散于众多山体之间，各个村落相对独立，所以它们在土地利用和空间营造上不尽相同。从村落与河流的空间关系来看，这些村落多位于数条支流交汇的地方，并倾向于让水流从村中穿过，解决村中的用水问题。独特的自然山水关系，促成了北方地区少有的水乡景观。

斋堂镇的马栏村、黄岭西村、灵水村，以及妙峰山镇的涧沟村、樱桃沟村等，都位于山中涧沟的交汇处。河流走向构成了村落整体的空间骨架，建筑与耕地顺应等高线拾级而上，形成自由的村落边界和丰富的垂直空间层次（图3-5）。以涧沟村为例，该村原名为三岔涧，因地处妙峰山下东沟、北沟、西河沟三条涧沟交汇处而得名。整个村落被水分为三个部分，各部分之间以桥梁相连。村落的主体位于三条涧沟交汇口的下游，充足的水源为村中用水提供了保障。在村落上游的东沟沿岸，分布有涧沟村高山玫瑰种植区。高山玫瑰是涧沟村重要的经济作物，已有500多年种植历史，村民们倚靠山地开垦梯田，引用东沟水进行灌溉，合理分配水资源。涧沟村无论是在前期选址还是后期布局上，都将水资源作为重要的考虑因素，通过引水入村、上游耕种、下游建村等方法，充分利用河流优势，体现了传统村落在处理空间营建上的智慧。

3　流域之中的传统村落共生

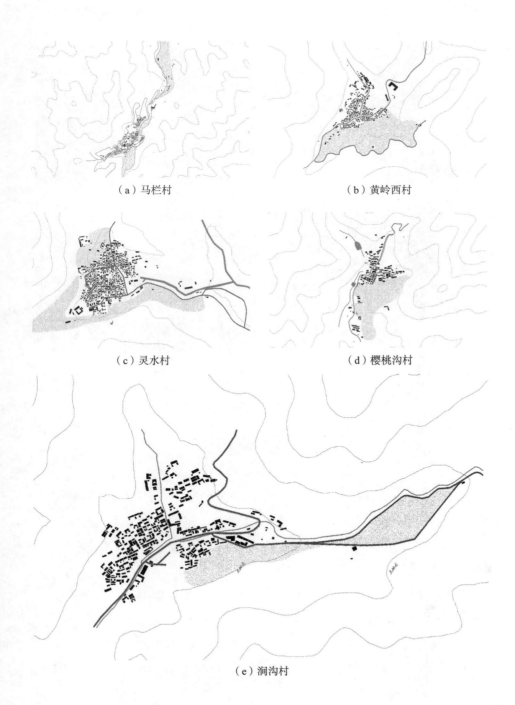

(a) 马栏村

(b) 黄岭西村

(c) 灵水村

(d) 樱桃沟村

(e) 涧沟村

（f）效果图

（g）实景图

图 3-5 "引水入村"村落空间格局
（来源：自摄、自绘）

3.2 水利营建

在永定河流域中，河流的水文特征，以及该区域的气候、地形条件，使得永定河、清水河等河流的地表径流十分不稳定，雨季多发洪灾，旱季河水断流。针对这种地表水流不稳定的情况，村落会根据实际情况营建一些水利设施，比如水渠、水井、池塘、排洪沟等，以使村落形成完整、稳定的水资源调蓄系统。

3.2.1 取水与蓄水

位于山地区域的村落，地表水资源匮乏，大部分村落都通过开凿水井的方式来获取地下水。渐渐地，水井便成为村中日常生活和公共交往的重要空间节点，引导村落形成以水井为中心的空间格局。从分布上看，水井多建于街巷一侧或街巷交叉口等人流密集的地方，以建筑为界线形成一个开放或半开放的公共空间。以黄岭西村为例，该村属于弱富水区域，地下水埋藏深度约为10m。古井位于黄岭西村三岔路口的北侧，其旁边为村民碾谷磨面的碾坊，两者共同构成了黄岭西村重要的生产空间，同时也是当下村落中重要的日常交往空间。

除了地下水，降雨也是村中重要的水源补给，尤其是对一些旱地区域来说，储存雨水、引洪淤灌是非常常见的农业灌溉形式。一般情况下，人们会在村落一旁选择一处低洼地，在此修建池塘以达到蓄水、调节的目的。例如马栏村、樱桃沟村等，都在临近河流与耕地的地方修建了池塘，为当地的农田灌溉提供了便利条件（图3-6）。

（a）黄岭西村古井　　　　　　　　（b）灵水村古井

（c）东王平村古井　　　　　　　　（d）爨底下村古井

（e）马栏村池塘　　　　　　　　　（f）樱桃沟村池塘

图3-6　取水与蓄水设施
（来源：自摄、自绘）

3.2.2 防洪与排水

1. 防洪逻辑

对于永定河流域的村落来说，无论是前期选址，还是后期的布局与建造，防洪始终是人们克服自然灾害的重要任务。通过实地调研可以发现，村落在防洪问题上所遵循的基本原则就是居高避洪，例如丘陵地区的村落多建设在台地上，村落与河流之间具有一定的高差，而山地区域的村落主要沿等高线逐级建设，又或是在建设房屋时适当抬高地基，以免受到洪水冲击（图3-7）。

（a）建设于丘陵台地

（b）沿等高线逐级建设

（c）抬高建筑地基

图3-7 传统村落的防洪原则
（来源：自摄、自绘）

2. 排水系统

村落中的排水系统有其自身的层级逻辑，主要按照道路系统进行直排。村落中的街巷通常与河道形成平行或垂直的空间关系，次要街巷中的雨水会顺应地势高差进入主街巷，然后再由主街巷流向村外的河道，形成一个完整的排水网络。但是，永定河流域多样的地形条件，造就了村落不同的街巷空间，所以村落在排水系统的组织构造上有所区别。

大部分村落是直接顺应街巷的地势高差将水排出，但还有三种较为特殊的形式（图3-8）。一是沿村落主要街巷修建排水沟渠，沟渠与村外河道相衔接，灵水村、向阳口村、东石古岩村等采用的就是这种方式。二是沿村落外围修建排水沟渠，以沿河城村为例，该村为军事城堡，其排水系统分为内外两部分，村外主要沿东、西侧堡墙修建排水沟渠，可直接对山中雨水进行分流，而村内则是在北城墙的中心位置开凿券洞，便于村中雨水

（a）沿主要街巷修建排水洪沟

（b）沿村落外围修建排水洪沟

（c）河道、街巷与排水通道的统一

图 3-8 传统村落的排水系统
（来源：自摄、自绘）

及时排向河中。三条沟渠均与永定河垂直相接,可以迅速完成山中和村中雨水的分流。三是针对引水入村的地方来说,如爨底下村、黄岭西村等,由于村中的河道与主街巷交叉重合,所以在发生强降雨时,主街巷会汇集大量雨水,承担起排水功能。为了不影响人们在降雨时的出行需求,村中采取了垂直分层建设的方法,将街巷的一侧或两侧建筑抬高,并留出可供人通行的平台空间,这样在河道和主街巷汇集有大量雨水时,也不会影响人们的交通出行。

3.3 滨水营城

永定河自山西省宁武县流出后,浩浩荡荡向东流去,在其所经地方孕育了丰富的古都和城池文明,如北京和大同,均是中国历史上重要的都城。

明代在河北西部和北部建构了"环状防御体系",依托"九边"设"四镇",沿线重兵驻守,并实施分区管理,旨在防卫边疆,拱卫京师。四镇之中,蓟镇和宣府镇为最早设立。明嘉靖中期,在北京西部和西北部地区增设真保镇和昌镇。[1]每个镇内分布有不同规模的士兵,进而形成不同等级的城堡,城堡下还设有关口、烽火台、敌台等防御工事,整体形成以镇为单元、以城堡为载体的军事管理体系。京西永定河的上游流域属于真保镇的管辖范围,所以在该地区建设了大量的关口和敌台,并设有斋堂城、沿河城等城堡。这些城堡在历史的演变中已经渐渐转化成村落,同时还保留有部分城堡形态。

以沿河城村为例,该村于金代成村,原名三岔村,因位于永定河与刘家峪沟的交叉口而得名。明永乐四年(公元1406年),朝廷在此派兵驻屯,三岔村便更名为沿河口。明嘉靖三十三年(公元1554年),这里正式修建了沿河口守备公署,下辖17座关口以及40 km的长城防线。直至明万历六年(公元1578年),副都御史张卤建议在此处修建城堡,"数月告成事",沿河口更名为沿河城。在明清时期,沿河城作为京西地区的军

---

[1] 张玉坤.中国长城志——边镇·堡寨·关隘[M].南京:江苏科学技术出版社,2016:176.

事指挥中枢，"以山为城，以河为池，乃京师咽喉之地"[1]，其下统领有沿河城守备军千人左右，因此具有十分重要的军事地位。

从村落所处的自然环境来看，沿河城位于崇山峻岭之间，扼守着永定河与刘家峪沟的交汇水口。永定河自村落的西北侧汤汤而来，在沿河城突然转向东北方向，水流湍急，十分不利于北方外敌向南入侵。而村落西南方向的刘家峪沟，水流稳定，所经之处地势平坦，且在旱季时河流水量较少，所以有利于沿河城同内部关隘的联系。沿河城作为京西斋堂川地区最东侧的关隘，起着抵外、联内的重要作用，是斋堂川地区关键的防守节点（图3-9）。在明万历十九年（公元1591年）的《沿河口修城记》的石碑中曾经记载道："国家以宣云为门户，以蓟为屏，而沿河口当两镇之交，东望都邑，西走塞上而通大漠，浑河汤汤，襟带其左，盖腹心要害处也。"可见，天然险峻的山水格局，是沿河城军事防守的最基本要素。

（a）沿河城村山水格局

---

[1] 北京门头沟村落文化志编委会. 北京门头沟村落文化志[M]. 北京：北京燕山出版社，2008.

（b）城门与城墙

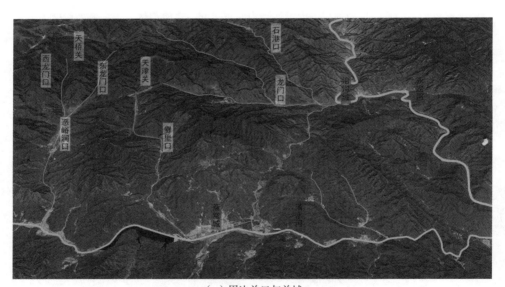

（c）周边关口与关城

图 3-9 沿河城村防御格局
（来源：自摄、自绘）

3.4 小结

本章在实地调研的基础上,具体分析了河流不同属性对村落空间营建的影响。在人与河流相依相生的过程中,村落空间经历了从"用水"到"防水",再到"敬水"的动态过程。这种变化具有一定的区域相似性,但因为永定河流域的自然环境,以及社会人文要素的分布差异较大,所以不同地形、不同河流、不同区位对村落空间的影响也存在差异性。

首先,永定河沿岸村落多位于河流凸岸,形成水—田—村—山的空间格局。清水河沿岸村落多位于两河交汇口,并更接近于支流,形成水包田、田围村的空间格局。而支流多从村落一旁或村中穿过,形成水村交织的空间格局。

其次,古道沿线村落与外界环境交往密切,所以村落的公共空间更具有开放性,这使得村落内部空间逐渐演化为一定文化域的公共场所,承担并体现了永定河的文化内涵。

再次,传统村落的空间格局一直处于动态演化过程中,即使是现在也不例外。河流的变迁改变了传统村落对土地的利用及水资源的分配,文化的更新也使得传统村落的公共空间功能发生转变。所以村落的保护与发展,不能仅局限于村落的"源",更要注重空间的"变",这样才能满足"贯通历史、连接未来"的发展要求。

4 交通衍生的村落公共空间

京西地区承担着复杂的交通体系，记录了其悠长的演化历程，促成了地域交通文化的形成，并在一定程度上引导村落公共空间的产生与变化。村落公共空间是乡村日常生活的载体，二者相互依存；公共空间的形态受到城乡地域关系的影响，是物理空间和社会空间的"聚合"；无论是居住、休闲，还是消费、生产，日常生活是可以进行类型化解析的，继而可以对村落公共空间进行体系化的结构分析。立足交通廊道与村落公共空间的特性，梳理二者之间的耦合关联。在此基础上，归纳各类公共空间的特征，探讨交通对村落公共空间的影响。

4.1 交通廊道与多尺度衔接

公共空间即为大众所共同享有的空间，是"共同体"的物质载体，受到价值判断、文化认知、物理环境等要素的影响。其尺度并没有一定之规，从区域尺度到场所节点均有可能体现"公共性"，关键在于共同的历史记忆和认同感，成为促进公共生活的动力[1]。公共空间和日常生活会在一定时期内相互契合，村级的活动一般在村落中心处进行，包括村民的聚集、娱乐、日常攀谈等；乡镇级别的活动则往往会在村落边界或入口进行，或者是在若干村落之间的位置，例如集市、崇祀等；城乡共同承担的公共空间，需要从区域的维度进行定位，抑或依托一个更高级别的空间。对于第三种情况，村落由一个事件的激发场所转变成了支撑场所，为公共空间的持续运转提供支撑。

---

[1] 许纪霖. 回归公共空间 [M]. 南京：江苏人民出版社，2006：151-152.

4 交通衍生的村落公共空间

于是，公共空间成为多尺度体系的构成要素，从区域到村落集群，再到村落单元内部，形成多维空间的整合。交通廊道作为体系衔接的脉络，与村落耦合形成各类空间场所。永定河流域的水源条件适合人类生存与定居，促进了门头沟区原始聚落的形成，如早期的东胡林聚落。然后人们开始顺应山势，沿河迁移，产生新的村落，形成最早的古道。沿河生存的防洪用水需求，影响村落的空间布局，也促使了龙王庙空间的诞生。城市扩张需要大量人员和物资，强化了地区与外界的联系，古道与村落体系相互促进、共同成长。物资的频繁运输催生了商道，来往行人的休憩住宿需求使得村落衍生出商铺、驿站等公共空间。古时，军事防御需求催生了军道，部分村落内部应防卫之需，设置了校场、军营等设施。崇祀信仰需求催生了香道，促进了村落寺庙的繁盛发展，产生了茶棚等公共空间。概而观之，村落之间、村落内部皆会形成生产性或生活性的公共空间，随着社群活动愈加频繁，空间类型也越来越丰富。

随着区域的现代性愈加占据主导地位，庙宇、祠堂、戏台等传统生活性公共空间逐渐式微，新的空间类型应运而生。自1906年，煤炭运输需求促使了京门铁路等廊道的产生，在沿线村落之间设立火车站、货站、转运站等场所。公路交通的出现，大大促进了门头沟区村落的对外交流与现代化的发展，诞生了公交站、停车场等公共空间。同时，近四十年来的城乡差异化发展，导致乡村空心化问题日益严重，生产性公共空间与生活性公共空间使用率也大大降低，生态性公共空间被侵占的破败现象凸显。而后，城乡统筹与乡村振兴的提出，对村落公共空间环境品质提出了新的要求，多元社会群体的本地融合面临着新的挑战（图4-1）。

笔者梳理京西地区交通廊道的形成背景、交通工具、通行目的、线路分布、通达范围等要素（表4-1），总结村落公共空间的区位、功能、形态等内容，提取与交通廊道相关的空间案例，进行对应与分类，构建交通廊道与村落公共空间的耦合关系。通过分析可知，交通廊道在一定程度上影响和促进村落公共空间的产生，影响公共空间的功能与形态。并且，不同的交通廊道对应着不同类型的村落公共空间，随着交通体系的变迁，村落公共空间也历经兴起、繁荣与衰败（图4-2）。

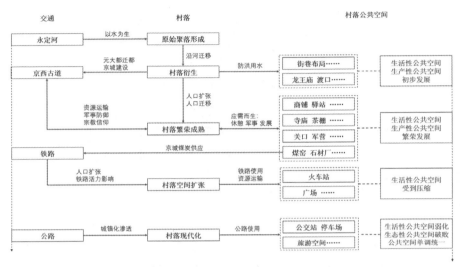

图 4-1 交通廊道与村落公共空间的耦合作用机制
（来源：自绘）

表 4-1 交通廊道信息统计

类型	交通	产生背景	存在时间	线路里程/km	通达范围	交通工具	交通目的	连接村落/个	现存状况
传统交通	永定河	生存基础 运水而生	远古时期至今	159	内蒙古—山西—河北—北京—天津	渡口船 桥梁	军事传递 物资运输 日常通行	34	完整存在
	古道	军事要地 煤炭木材资源 京城搬迁	南北朝至近代	—	内蒙古—山西—河北—北京	马车	军事防御 商贸流通 进香通道 日常通行	7	多数消失 少数存在
现代交通	铁路	工业化发展 煤炭资源	1906—2000年	53+121	京城—木城涧 京城—张家口	火车	物资运输 城乡联通	22	完整存在
	公路	现代化 汽车时代	1960年至今	1147	内蒙古—山西—河北—北京—天津	公交汽车	城乡联通 乡乡联通 村落联通	189	完整存在 正在扩张

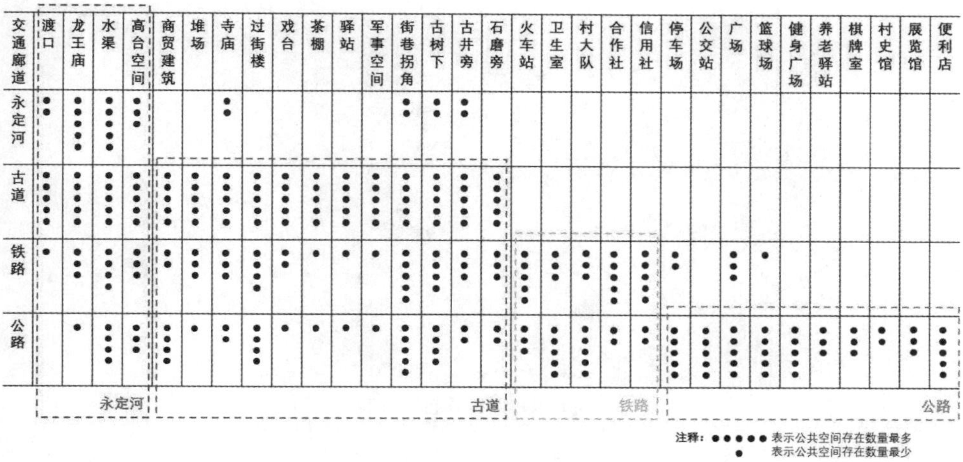

4 交通衍生的村落公共空间

交通廊道	渡口	龙王庙	水渠	高台空间	商贸建筑	堆场	寺庙	过街楼	戏台	茶棚	驿站	军事空间	街巷拐角	古树下	古井旁	石磨房	火车站	卫生室	村大队	合作社	信用社	停车场	公交站	广场	篮球场	健身广场	养老驿站	棋牌室	村史馆	展览馆	便利店
永定河	●●●●	●●●●	●●●	●●●			●																								
古道					●●●●	●●	●●●●	●●●●	●●●	●●	●●●●	●●●	●●●	●●	●●	●●															
铁路	●●	●	●●	●													●●●●	●●	●●	●	●	●	●								
公路		●	●●	●●	●●		●		●								●	●●	●●●	●●	●●	●●●●	●●●●	●●●●	●●●	●●●	●●	●●	●●	●●	●●

注释：●●●● 表示公共空间存在数量最多
　　　● 表示公共空间存在数量最少

图 4-2　交通廊道与村落公共空间耦合关系
（来源：自绘）

4.2　永定河与村落耦合

4.2.1　永定河与村落的空间关系

在上一章"取水营田"梳理水、村关系的基础上，本小节进一步对村落与河流的空间相互作用进行分类。将村落与河流的空间关系大致划分为如下三种类型，即临村、环村和穿村（图4-3）。

其中，在永定河和清水河沿线，村落与河流的关系都是临村与环村，村落多位于弯曲河道附近，如琉璃渠村，永定河从村落东侧穿过；下清水村，清水河从南侧穿过；付家台村与东石古岩村位于弯曲河道旁，河流环村。这是因为永定河与清水河河道较宽，水流速度较快，冲刷力强，而村落为了既能规避洪水，又便于取水用水，便选址于河流一侧，让水从村旁经过。村落多选在弯曲河道附近，主要是因为河流在转弯时受到离心力的作用，更容易堆积泥沙而形成肥沃的土地，有利于聚落生长与农田耕种。在支流附近，不必考虑洪水侵犯，为了能更加便利地取水用水，则在水边进行房屋的建设，从而形成穿村而过的空间形式，比如涧沟村、马栏村。通过以上分析，可以看出临水而居的村落，有防洪和用水两大方面的空间诉求。

(a) 永定河沿线村落分布

(b) 临村：琉璃渠村

(c) 临村：下清水村

(d) 环村：付家台村

(e) 环村：东石古岩村

(f) 穿村：马栏村

(g) 穿村：涧沟村

图 4-3 永定河与村落空间分布
（来源：自绘）

4.2.2 公共空间类型

有了诉求，自然会产生相应的公共空间来满足诉求。位于河流两岸的村落之间有人的交往与物资的流通诉求，便衍生了永定河流域最具特色的渡口空间；旧时永定河水势凶猛，地势低的村落会闹水灾，而在干旱之年又会缺水。因此，村民们建造了龙王庙，一来祈求龙王不让永定河闹水灾，二来在遇到旱灾时，祈求龙王可以降雨，以保佑庄稼丰收。同时，防水与用水的诉求，也影响着村落的空间格局，村落为了免受汛期河流和雨水的侵害，村落的建筑建造、街巷布局多采用整合了街巷、水渠、高台空间、民居建筑等要素作用的形式（表4-2）。

表4-2 水系沿途公共空间

交通	公共空间		功能	公共空间照片示例
永定河	生活性公共空间初步发展	渡口与木板桥	便于两岸人和物资的交往运输	
		龙王庙	祈求汛期不发生水灾，旱年可降雨保丰收	
		水渠与高台空间	保障雨期和汛期安全排水，防止水灾	

1. 渡口空间

渡口指设在河流岸边有船或筏子的地方，用以连接两岸道路，供百姓过河往来的场所空间[1]。位于永定河流域两岸的村落，两村之间需要克服河流带来的自然障碍，实现人、货物之间的交往与运输，便在河水浅的地方，走"迈石"或蹚水过河，也产生了背人或背物过河的"背捎工"职业。随着不断发展，这里开始架起木板桥和桥梁，以便过河。非汛期时，人们就架起木板桥过河。到汛期，由于河水水位高涨，人们便将木板桥收起，以船渡河，久而久之便形成了固定的过河地点——渡口。而后，随着交通的更替，这些渡口都已消失，被现代桥梁所替代。

本书根据《京西渡口与桥梁》一书，整理和定位了历史上门头沟区永定河沿岸所存在过的渡口空间，旨在了解渡口空间分布特征及功能。为分析渡口空间的宏观分布，首先对渡口空间进行核密度分析，发现渡口主要集中分布在河流中下游，尤其在王平镇一带最为密集（图4-4）。这是因为王平地区的河道弯曲，村落较多，煤炭木材等物质资源丰富，这在无形中增加了两岸往来的需求。同时，古商道西山大路也从此处经过，贸易往来活动十分频繁，所以渡河的水上交通不可或缺。

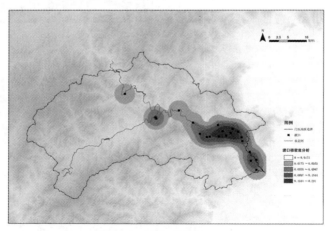

图 4-4　渡口核密度分析
（来源：自绘）

---

[1] 北京市门头沟区政协学习与文史委员会.京西渡口与桥梁[M].北京：团结出版社，2018.

4 交通衍生的村落公共空间

其次,将可确定详细位置的 8 个渡口进行具体空间位置标记(表 4-3),结合周边道路与村落进行分析,发现渡口的选址一般在河底较平、水较浅的河段。渡口不仅是联系河流两岸的水上交通方式,也是古道的必经之处,可见古道线路走向深受永定河河流的影响。于村落来说,渡口都位于村落外部,进入村口的位置,但大大方便了村落之间的贸易交往和文化活动,使村落实现互促发展。比如王平村,位于永定河岸边,向西南有南涧村、安家滩村等村落,向东北有河北村、色树坟村、下苇甸村等村落,渡口的设置满足了两岸的交往需求,西山大路的贯通使得王平村来往商旅众多,大大促进了村落商业繁荣,使其成为大规模的中心村落。

表 4-3 渡口与村落空间关系

渡口	交通连接	空间分布	现状
沿河城渡口	西奥古道 沿河城村—向阳口村		丰沙铁路线便桥
青白口渡口	东北古道河岸路 青白口村—付家台村		"永久性"桥梁
安家庄渡口	东北古道河岸左岸 安家庄村—落坡岭村、 清水涧村		安家庄大桥
王平村渡口	京西古道西山大路 王平村—河北村		钢筋水泥大桥

续表

渡口	交通连接	空间分布	现状
下苇甸渡口	下苇甸村—丁家滩村	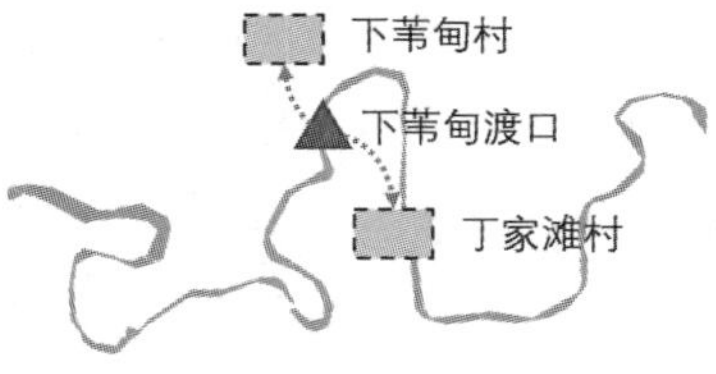	京门铁路便桥
陈家庄渡口	妙峰山香道南道 陈家庄村—野溪村—龙泉务村	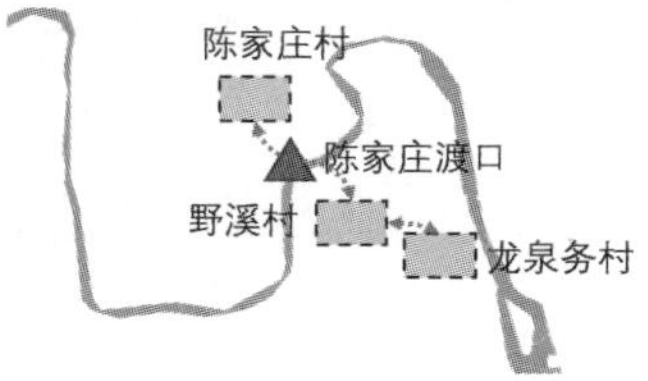	钢缆大桥
三家店渡口	京西山区—北京平原 西山大路 永定河左岸道 妙峰山香道南道起点	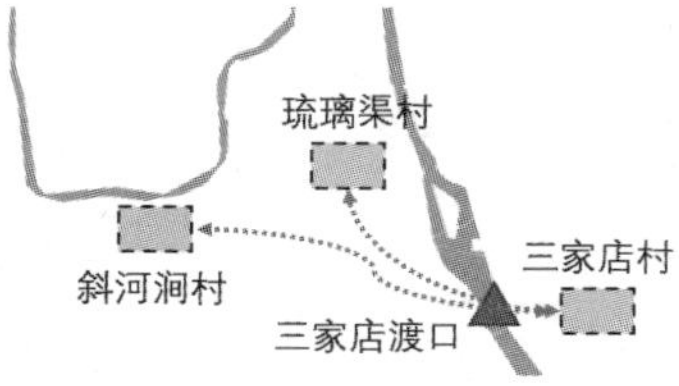	三家店大桥
韭园村渡口	西山大路古道 韭园村—河北岸农田	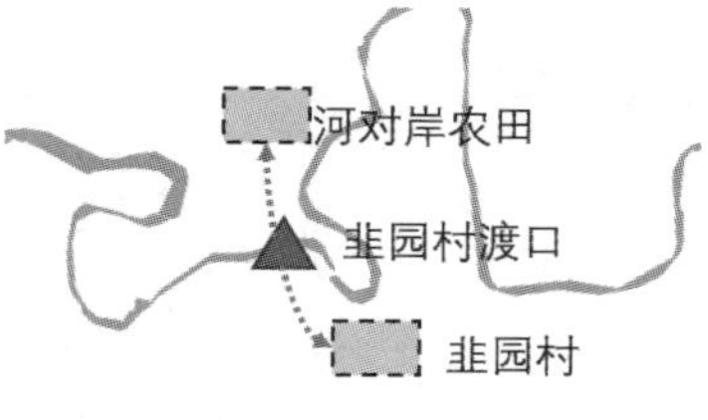	河水干涸而停用

2. 龙王庙空间

本研究通过文物保护单位、不可移动文物的记载，梳理出门头沟区现存的龙王庙，共15座，并利用GIS软件对其进行空间分析，旨在了解其选址倾向。首先，对其进行核密度分析，发现龙王庙主要沿永定河干流两岸分布，整体表现出明显的线状特征（图4-5）。其次，进行缓冲区分析，发现15座龙王庙中，有7座位于距河流200 m以内的范围内，有4座位于500 m范围以内，有3座位于1000 m范围以内，有1座位于1500 m范围以内，这说明龙王庙的选址亲水性很强（图4-6）。

4 交通衍生的村落公共空间

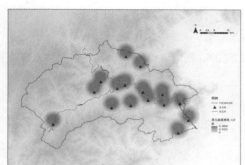

图 4-5 龙王庙核密度分析　　　　　　图 4-6 滨水缓冲区分析
　　（来源：自绘）　　　　　　　　　（来源：自绘）

　　将 15 座龙王庙对应到村落，发现多是在邻近河流两岸的村落内建设龙王庙。并且位于永定河和清水河附近村落的龙王庙多建设在村落边缘，靠近水的地方，而支流附近村落的龙王庙分布则无明显的靠近水的趋势（图 4-7）。这也反映出永定河水势对村落的影响，以及村落对防水的重视，同时也从侧面反映出当时村民对宗教信仰的需求与信任。

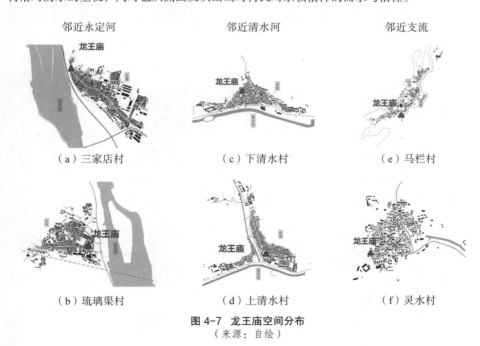

邻近永定河　　　　　　　邻近清水河　　　　　　　邻近支流

（a）三家店村　　　　　（c）下清水村　　　　　（e）马栏村

（b）琉璃渠村　　　　　（d）上清水村　　　　　（f）灵水村

图 4-7 龙王庙空间分布
（来源：自绘）

比如，三家店村的古刹龙王庙，属于区级文物保护单位。如今，虽然沿河庙宇多被破坏，但是三家店村龙王庙由于也是民生水利会的办公场所，有幸保存下来。其位于村落西北角，三家店村主街的尽头，紧邻永定河，与河流的直线距离约为75 m，是永定河沿线离河流最近的一所龙王庙（图4-8）。据村民介绍，在传统交通时期，龙王爷生日（阴历六月十三）当天都会举办庙会，进行大规模的祭祀活动。祭祀活动由主管兴隆坝水渠的民生水利会主管，民生水利会在这一天会收取水费，一部分用于祭祀活动，一部分用于维修坝渠。此处所说的兴隆坝水渠是在清雍正年间、光绪年间，开发兴隆坝水利工程时建设[1]。附近使用兴隆坝灌渠的琉璃渠村、龙泉务村等6个村子的农户都来参加庙会活动，当日还有集市贸易、花会表演等多项活动，十分热闹。

图 4-8 三家店村龙王庙
（来源：自绘）

3. 高台与水渠空间

临近河流的村落，在村落的选址、布局上体现出防洪排水的智慧。对于选址来说，村落多建设在丘陵台地之上，与永定河河流形成一定的高差。通过走访村落发现，村落内部街巷与建筑的围合中，多有高台与水渠空间，也可起到防洪排水的作用。布局形式主要有两种（图4-9），其一为街巷+水渠+高台空间+民居的形式，如马栏村、灵水村、东石古岩村、爨底下村、沿河城村等村落；其二为街巷+高台空间+民居建筑的方式，

---

[1] 潘明率，郭佳.京西古道传统村落保护研究初探——以门头沟区三家店村为例[J].华中建筑，2016，34（5）：137-141.

4 交通衍生的村落公共空间

街巷+水渠+高台空间+民居　　　　　　街巷+高台空间+民居建筑

图 4-9 村落街巷防洪排水布局
（来源：自绘）

如琉璃渠村、丁家滩村、陈家庄村等村落。这样的布局形式可兼顾到防洪与排水，以免民居受到河水和雨水的侵害。

高台空间可以说是街巷与民居的过渡空间，除了防洪之外，也承担着村民的日常生活（图 4-10）。比如琉璃渠村主街是街巷+高台空间+民居建筑的形式，高台空间最大的特点就是离家近，因此是村民日常晒太阳、休憩与交流的重要公共空间，高台上大多设置了一些木质座椅或自制的石板桌椅，同时也是村民存放电动车、自行车等生活货物的空间场所。黄岭西村主街三岔口处的高台空间，可以说是村民使用最频繁的公共空间，尤其是老人们，他们日常一起坐在石墩上晒太阳、闲聊。高台空间与街巷拐角空间组合形成广场空间，位于村落中间的位置，承担村民日常采买蔬菜、水果的功能。据村民介绍，每天或每隔一天便会有村外的流动车过来。村民在日常休憩的同时也可以顺便采买生活用品。高台是村内信息、物资互相流通的重要空间，因此深受村民的喜爱。

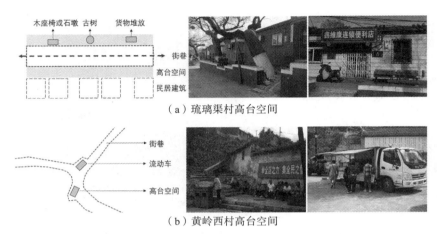

(a) 琉璃渠村高台空间

(b) 黄岭西村高台空间

图 4-10 琉璃渠村与黄岭西村高台空间
（来源：自绘、自摄）

4.3 古道与村落耦合

4.3.1 古道与村落的空间关系

京西古道不仅是京城与山西、河北、内蒙古等地之间货物资源的来往通行通道，也是门头沟区各村落、寺庙间交往的重要通道。古道的路线多经过门头沟区已有的军事设施、煤矿、寺庙、自然村落等地，在一定程度上推进了村落的发展，也由于各种需求而衍生出众多村落，促成了如今的传统村落群体。综上所述可知，京西古道与村落有"村生道"与"道生村"两种关系。

1. 商道

商道因商贸物资来往而形成，沿途以村落点相串联。一方面，因为很多村落内或周边有丰富的煤炭、石材、木材等物质资源，需要进行开采、运输及交易；另一方面，来往商人在长途跋涉中有休憩、吃食及住宿等日常生活需求。

分析西山大道北道，旨在了解商道与村落的关系，以及所产生的空间诉求。西山大道北道沿线的村落有10个，多是穿村而过（图4-11）。古道上商人、车队来往频繁，逐

4 交通衍生的村落公共空间

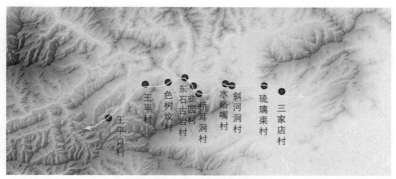
（a）西山大道北道沿线村落分布

（b）琉璃渠村

（c）东石古岩村

图 4-11 西山大道北道沿线村落空间分析
（来源：自绘、自摄）

渐衍生出休憩、住宿、喂马等的空间诉求。古道沿线的村落便应需开设商铺、驿站等公共空间。如琉璃渠村形成了繁华的商业街。也有一些沿途商旅或周边村落的人在商道沿线开设驿站，定居繁衍，逐渐形成村落，如东石古岩村。同时，也产生了寺庙空间，以满足商家、村民及来往旅客的信仰祈福需求。

2. 香道

香道也对传统村落的公共空间产生了一定的影响。香道是香客到庙内进香而形成的道路，沿途主要以村落和庙宇相串联。妙峰山香道是各地（以京津为主）来妙峰山娘娘庙祭拜和参加庙会而形成的，共有六条，包括北道、中北道、中道、中南道、南道、西道。[1] 三家店村既可向西北翻山至军庄村，再到灰峪村，即为中南道路线；也可以渡河向西，经琉璃渠村、龙泉务村、陈家庄村，与军庄村来向的道路会合。其中，涧沟村是各道交会处，是当地离山顶最近的村落，目前村落的香道仍然存在，是约 1.5 m 宽的不规整石板路（图 4-12）。

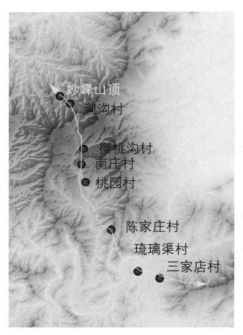

妙峰山香道南道沿线村落分布

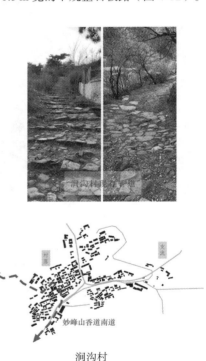

涧沟村

图 4-12 妙峰山南道沿线村落空间分析
（来源：自绘、自摄）

---

[1] 刘铁梁. 中国民俗文化志（北京·门头沟区卷）[M]. 北京：中央编译出版社，2006：190.

4 交通衍生的村落公共空间

村落与庙宇的关系可以总结为三种形式。其一，村生庙，此类占大多数，因宗教信仰、祈福求安等原因在村落内部或周边建立庙宇，比如三家店村的龙王庙等庙宇；其二，庙生村，比如灵岳寺村与斋堂村，依托灵岳寺而形成；其三，村与庙同步兴衰，香火旺盛的寺庙会带动周边村落的经济发展和提高文化交流程度，如妙峰山娘娘庙、潭柘寺、戒台寺等，同时也有一些村落因为寺庙的没落或损毁而发展减缓。

受妙峰山娘娘庙的影响，以及香道的耦合作用，沿线村落的宗教文化格外深厚，村落内建设了多处不同的寺庙空间，如三家店村就有古刹龙王庙、关帝庙、白衣观音庵、二郎庙等十余座庙宇。同时，也产生了香道沿线村落所特有的茶棚空间，为香客提供沿途饮食、休息的场所。因为茶水是必备的服务项目，故将这类场所统称为"茶棚"。茶棚的设置留住了香道上来往的香客，为村落增加了活力，也在一定程度上影响和促进了村落商业的繁荣。

3. 军道

军道也是京西古道体系中重要的交通道路，对特定村落产生了重要影响。其是因军事防御与军用物资运输而逐渐形成的道路，沿途经过众多村落，多以关城相串联。西奚古道线路上的村落与之后明长城体系有些交集，军事文化特征最为明显且最具代表性。因此，本研究以西奚古道为例进行分析，来了解军道与村落的关系，所产生的空间诉求，以及对村落发展的影响。

在西奚古道沿线的村落（图4-13）中，燕家台村和柏峪村是典型的军户村。因为明代在此设有"天津关"，此处在军事防御和古道运输上均为重要的关口，历代王朝在此设关建隘，派兵驻守。"天津关"位于柏峪村以北约1 km处，燕家台村东北约3 km处，因此对两个村落的发展有影响。

沿河城村是军堡型村落，是以古代军事文化著称的中国传统村落[1]。沿河城的形成与军事交通、军事防御有关。明代时期，为把控这一战略要地，在利用险要地形的基础上，

---

[1] 王长松. 北京沿河城军事历史地理研究[J]. 中国地方志，2009（10）：59-63.

在村庄北侧的山脊上修建长城城墙、敌台,它们与村庄南侧的烽火台及沿河城池共同组成了明长城军事防御体系的一部分。沿河城村庄呈现"一道穿一关一堡"的军事防御堡寨的格局特征,村落被城墙完全包裹。村落内常年有军队驻扎,军民共居一村,对村落公共空间的形成与发展影响重大。

(a)西奚古道沿线村落分布

(b)沿河城村

(c)燕家台村、柏峪村与天津关关系

图 4-13 西奚古道与村落空间分布
(来源:自绘)

4.3.2 公共空间类型

村落公共空间是乡土生活的载体，体现了空间与行为的互动关系，并促进了社会交往与日常实践。商道与香道的发展大大促进了村落与外界的连接，促进村落与村落、村落与外界之间人、物资、信息的交换，也为村落带来了多种形式的公共空间（表4-4）。比如商铺、会馆、驿站、茶棚等对外的公共空间，以及逐渐衍生出的庙会、茶道会等文化活动。

对外交通的便捷性与村落自身的防御性是相互矛盾的，因为对外交通的便捷意味着村落的对外开放，它会使村落的空间防御能力有所下降，使村落更容易受到外部的入侵。军用古道的特殊性，致使沿线村落的危险性与入侵可能性更高。因此，为了保障村落的防御性，村落在外围建有围墙或壕沟，并打造了一些防御类公共空间，比如关口、城楼则是应战争观测敌情、保护村落的需求而产生的。门头沟区特有的过街楼也是为了增强村落的防御性和满足信仰祈福需求，在舍弃交通便利的情况下建设的公共空间。在与军事活动相关的村落内直接植入了军营、校场、敌台、点将台等空间。

除此之外，随着古道体系的逐渐完善与繁荣，村落内的生产性与生活性公共空间也得以丰富和发展，如集市、临时摊位、树下、井边、石磨旁、院落门前、街边石墩等空间。以井边空间为例，水井满足了村民的日常用水，是每家每户每日必到达的空间。在打水的过程中，村民会进行交流沟通，嘘寒问暖或分享村内发生的趣事等，这种社交行为极大满足了村民的社交需求，因此逐渐变为村内固定的公共活动空间。门头沟区的每个传统村落都至少有一处水井，很多村落分布有多处水井。同理，树下空间可满足村民的乘凉休憩与交往需求，也是受村民欢迎的公共活动空间场所；院落门前空间、街边石墩空间也是村民经常性休憩交往的公共活动空间场所，并且延续至今。

1. 寺庙

京西传统村落的庙宇建筑类型多样，包括关帝庙、观音/菩萨庙、五道庙、药王庙、窑神庙、二郎神庙、山神庙等，是村落重要的公共空间。在传统交通时期，村民们会进行日常祭拜祈祷，逢年过节还会有相关的庙会活动。寺庙、戏台等公共建筑常常会有附属的次级空间，如四面围合的小广场。该类空间封闭性较强，主要是村落内部举办民俗活动的场所。

表 4-4 古道沿途公共空间

交通	公共空间		功能	典型案例呈现	
古道	生活性和生产性公共空间繁荣发展	商业街	为来往人员及村民提供物资	三家店村	琉璃渠村
		寺庙	祈求国泰民安，身心健康	桃源村关帝庙	仰山栖隐寺
		过街楼	保障村落安全，满足信仰祈祷需求	燕家台过街楼	桑峪村过街楼
		茶棚与驿站	供来往香客、游客停歇休憩	琉璃渠村	水峪嘴村
		军事空间	为军事服务	沿河城村	

4 交通衍生的村落公共空间

在第二章的"社会人文要素"部分,已经对寺庙的总体分布情况,以及周边的村落空间分布进行了分析。基于已有的空间数据,通过 ArcGIS 近邻分析工具,确定寺庙与古道之间的最近距离,以此进一步判断寺庙与古道的关系。根据分析结果,寺庙与古道的最小距离为 5 m,最大距离为 3999 m,平均距离为 661 m。结合自然间断点分级法,将村落与寺庙建筑的最近距离划分为五类,依次是 0~50 m、50~200 m、200~600 m、600~1600 m、1600~3999 m,各距离区间所含村落呈现出极强的聚集特征,600 m 以内的村落约占 61%,1600 m 以内的村落约占 94%(表 4-5)。并且三条香道附近的寺庙距离古道基本都在 1600 m 范围以内,可见寺庙与香道之间的相互依存关系。

表 4-5　寺庙邻近度分析

最邻近距离 /m	村落数量 / 个	村落比例 /（%）
0~50	9	7
50~200	24	19
200~600	44	35
600~1600	42	33
1600~3999	8	6
总计	127	100

庙宇的空间形式有两种:其一,是单体建筑形式的小型庙宇,位于街道旁,如五道庙;其二,是四合院形式的有院落空间的大型庙宇,是村落庙宇空间的主体,一般会结合广场空间、戏台空间来设置(表 4-6)。比如马栏村龙王观音禅林大殿,位于村落中心,对面的戏台组成庙宇—广场—戏台的公共空间组团。据村民介绍,在逢年过节或庙会时,村内和周围村落的人群会来到庙宇祭拜,戏台也会有戏班唱戏,村民们就在广场听戏,热闹非凡;三家店村的白衣观音庵位于街巷旁,庵门前同有小型的广场空间;桃园村的关帝庙,位于村落中心,村委会旁,中间有两个广场,组成村委会—广场—庙宇的公共空间组团,是村落核心的公共空间;灵水村西北处有天仙圣母庙、南海火龙王庙,其与旁边的戏台、柏抱桑榆、八角龙池形成庞大的庙宇组团空间,形成庙宇—广场—古树—戏台—广场—八角龙池的公共空间组团,广场上设有健身器材与座椅,可供村民日常活动使用。

109

表 4-6 寺庙与村落的空间关系

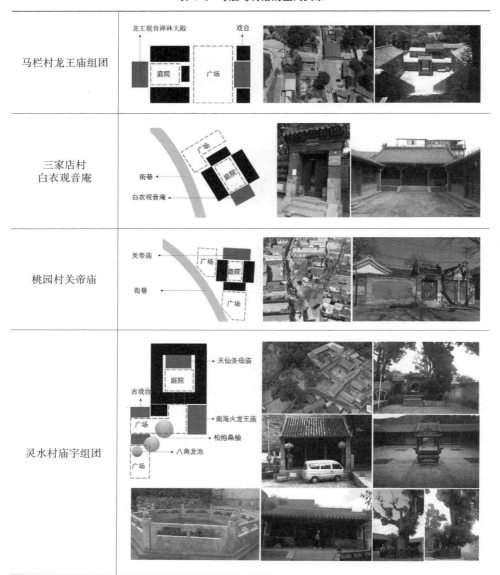

2. 过街楼

过街楼是门头沟地区特有的建筑类型，由城门或城关演变而成。其基本形态呈城台状，下辟券洞，顶部设置殿堂，殿堂中供奉药王、文昌、关帝等神祇[1]。门头沟区现保存完好的过街楼有十余座，多集中在平原地区，永定河出山口附近，并且多位于古道之上（图4-14）。因为此处为旧时门头沟煤炭产出地的出山口，地理位置十分重要，明清时期在此附近有数百座大大小小的煤窑，商旅往来，运煤驼队较多，设置过街楼以实现设卡、防御、敬神等效用[2]。

过街楼多位于村落入口处，是进出村落的必经之处，承担保障村落安全、信仰祈祷和村落标志的功能。根据过街楼在村落中的功能与作用的侧重点的不同，可将其分为标志性建筑与关隘口建筑。标志性建筑即作为道路或村落的标示，具有代表性的有琉璃渠过街楼，它是琉璃构建建筑的标志，代表了琉璃渠村的文化。再比如圈门过街楼，其是玉河古道东西来往要塞之地，煤炭产出地的出山口，官方曾在此设卡设官，抽取煤税。关隘口的建筑具有保障安全、承担城关的作用。例如万佛堂过街楼位于万佛堂村东，由巨石砌筑，原有大门保存良好，具有保障村庄安全的功能。

图 4-14 过街楼空间分布
（来源：自绘）

---

[1] 赵程久.北京门头沟的过街楼[J].工会博览，2004（7）：70.
[2] 姜敏，胡文通.传统村落的公共空间体系构成与当代演变：以板梁村为例[J].住区，2019（5）：49-54.

3. 茶棚

茶棚是妙峰山香道沿线村落特有的公共空间，旧时庙会期间在香道旁修建，是供香客沿途饮食、休息的场所。茶棚的设置留住了香道上来往的香客，为村落增加了活力，也在一定程度上影响和促进了村落商业等的繁荣。在妙峰山香道南道曾有茶棚20余座，分布在香道各村落内部或附近。随着时间的推移，多数茶棚已消失或废弃，如今仅有琉璃渠村的万缘同善茶棚被保存下来。万缘同善茶棚是该地区规模最大、空间保存最完整，且艺术价值最高的茶棚，也是妙峰山庙会民俗的重要体现。

以茶棚、寺庙为代表的公共空间多位于村落出入口，其整体格局较为开敞，形成三面围合的开放空间（图4-15）。例如桃园村、燕家台村、涧沟村等，都是结合村落入口，

（a）桃园村

（b）燕家台村

（c）涧沟村

图4-15 茶棚、寺庙等公共空间
（来源：自绘）

---

[1] 王珊.京西、北地区抗战遗存保护与利用研究[D].北京：北京建筑大学，2019.

4 交通衍生的村落公共空间

形成对外开敞的公共空间。以桃园村关帝庙为例,关帝庙位于村南入口处,建筑坐北朝南,与东西侧街巷、民居,以及南侧古树,共同构成一片三角形开放空间。桃园村作为妙峰山香道的沿线村落,每逢庙会,都会在关帝庙前开设茶棚,供往来香客歇脚饮茶。再如琉璃渠村、南庄村、樱桃沟村、涧沟村等地都曾设置茶棚,其中以涧沟村附近茶棚最为密集,已知的有9座之多,但由于一些自然和人为因素,这些茶棚许多已经损毁,仅存遗址。现下桃园村在村南入口处,重新修建了一座茶棚,可供人观赏、休憩。

4. 关口与军事空间

关口是军用古道和明长城段沿线村落所特有的公共空间。通过核密度分析发现,门头沟区的关口主要集中在区域东北部(图4-16)。主要分布在两条古道(以沿河城关口为中心的军用古道——西奚古道和以王平口为中心的关城古道)之上。沿河城关口,位于永定河拐角与西沟交汇处,周边有多条沟谷与东岭的节点[1],故以沿河城为中心形成了交织的军事道路网。西奚古道经过沿河城和天津关两座关城,东北向去往居庸关方向,东南向去往涞水县方向。以王平口为中心的关城古道门头沟保留有以王平口关城为中心的五座关城,即牛角岭关城、峰口庵关城、十字道关城、王平口关城、大寒岭关城(图4-17)。

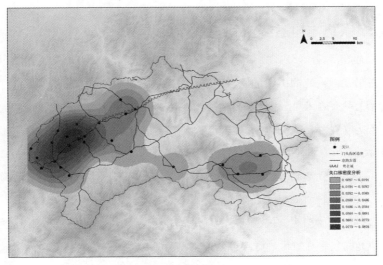

图 4-16 关口核密度分析
(来源:自绘)

113

图 4-17 关口与古道空间关系
（来源：自绘）

4.4 铁路与村落耦合

4.4.1 铁路与村落的空间关系

铁路交通在清朝末年出现，后逐步取代了古道交通，成为主要的交通方式，来辅助人、物资和信息的流通。它的出现也标志着门头沟区煤炭业与工业的繁荣发展，村落的公共空间也发生了巨大的转变。首先，当时村落石厂、煤窑、矿区等工业性的空间大肆扩张，村落中对于盛放货物、资源的空间需求不断增加，铁路沿线空间的利用程度也不断提高；其次，当时国家政府重视农村发展，村民的日常生活也主要服从于农业生产及政治权力，因此便产生了生产性和政治性的公共活动空间诉求，而传统的祠庙类空间的影响力则逐渐降低。

京门铁路是当时门头沟区与京城联通的重要线路，主要负责木城涧等煤矿的煤炭物资运输，也是村民来往京城的唯一市郊线路，对门头沟区村落的空间格局和生产生活影响重大。因此本小节以京门铁路为主线对沿线村落展开分析。京门铁路沿线共有15个村落，其中铁路临村而过的村落有9个,环村而过的村落有3个,穿村而过的村落有3个(图4-18)。

铁路线的通行对村落的空间也产生了一定的影响,引导了村落空间的扩张。借助USGS Earth Explorer 和 Google Earth 的地图影像数据,可以掌握村落20世纪60年代以来不同时间段的空间形态特征,发现村落的空间格局有沿铁路线状拓展的趋势(表4-7)。例如,野溪村是典型的依托铁路站点而逐步形成的村落。野溪站点,最初依托周边的首钢厂、沥青厂等工厂设置,并无居民居住,而后站点的设置为此处带来了人流,激发了该地区的活力。

1988年,龙泉务村空间用地不足时,部分村民搬迁到此地,逐渐形成小村落。村落多条街巷平行排布,方向与铁路线垂直,空间格局井然有序;丁家滩村,早期背山面水,顺应山势发展,铁路线及以东区域为水滩空地,村落资源丰富,有尼龙石采石场。京门铁路选址在村落东部邻边地带,站点位于村落东沿线中心,而后村落空间沿铁路线向北及铁路线对面展开,逐渐形成铁路穿村而过的南北长条线形的空间格局;此外铁路沿线的非站点村落琉璃渠村、龙泉务村等空间格局也呈现向铁路线延伸的趋势。

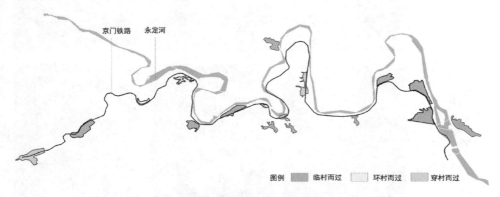

图 4-18 京门铁路与沿线村落
(来源:自绘)

表 4-7 京门铁路沿线村落空间扩张（1967—2022 年）

	1967 年	2002 年	2022 年
丁家滩村			
野溪村			
龙泉务村			

来源：引自 USGS Earth Explorer 和 Google Earth

4.4.2 公共空间类型

建设铁路以来，庙宇、祠堂、戏台等宗教信仰类的生活性公共空间被取缔，部分重要的生产性与生活性公共空间，如院落、晒场、门前空间、田间地头等依然保留。

铁路线的运行与政策的调整，使得村落中的煤炭生产活动增多，部分村落也增加了广场和煤矿区等公共空间。同时部分村落植入了火车站空间。京门铁路沿线共有9个站点，韭园站现已经废弃。通过对铁路沿线的现场调研发现，火车站点选址的依据有：其一，大型矿区所在村落，如木城涧矿区、大台煤矿区、王平煤矿区等，站点均在矿区旁，与村落有一定的距离，比较独立于村落而存在；其二，沿线其他站点作为转运站，所选择的村落附近有小型煤矿、石材厂等工厂或国家粮库，或是乡镇级村落。最初选址的铁路线多是从村落边缘非建设用地中穿过，站点被设置在铁路沿线，临村落空间的一边。

火车站主要承担两大方面的功能。其一，作为货运站，负责煤炭、石材等资源的转运与装卸，使用人群多是矿区工人。个别设有粮库的村落，比如木城涧村、色树坟村等村落，也承担粮食的转运与装卸。其二，作为客运站，一天有三趟火车往返，是村落来往京城、矿区的主要交通工具，也是村落与村落之间交往的交通工具。站点主要供村落村民上下火车过渡与暂停，是村落中定点人群密集的场所空间，因此在满足日常交通通行之外，也是村民们交往沟通、获取外界信息的重要空间。村民们多在等车的间隙进行闲聊、叙旧的日常活动，也不时会有工厂招工信息、失物招领信息等公共信息在此粘贴发布。可以说，在铁路运行期间，它承担了村落与外界之间人、物、信息联通与交换的功能，是当时村落的核心公共空间。

火车站也促进和影响了公共空间的衍生和选址。比如在站点和矿区的设置位置，工人较多，有外地人和本地人，人们便开始建设医院、文化广场、各种中小型货运广场、小学、商店、饭店等公共配套设施，促使其成为村落村民活动的主体空间；色树坟村站点旁设置了广场和杂货商品铺。粮食等生活物资运输到站时，广场和杂货铺的就近设置便于这些物资暂放和转卖。据村落老人介绍，本村和周边村落村民会在物资到达之前，在火车站等候，待物资一到站便在广场进行买卖，然后将剩余物资转到杂货商品铺，便于日常售卖（图4-19）。

图 4-19 木城涧与色树坟火车站周边公共空间分布
（来源：自绘）

4.5 公路与村落耦合

4.5.1 公路与村落的空间关系

随着政府对于门头沟区生态环境的重视，煤矿与工厂逐渐被关停，作为运煤专线的京门铁路失去了主要的作用。并且，随着公路的普及，铁路的客运职能也逐渐被弱化。在2000年左右，京门铁路线停运，门头沟区传统村落全面开启了使用公路交通的时代。公路将门头沟区各个村落串联起来，形成了较为便捷的公路交通网络。公交车与私家车成为村民出行的主要交通工具，同时其线路运行与车辆停放也对村落的空间产生新的需求。

4.5.2 公共空间类型

现代化的普及和旅游业的发展，使得村落宗教庙宇等公共空间得到恢复与再利用，与此同时，国家也自上而下地推动村落公共空间的重建（表4-8）。市政府出台的一系列乡村建设政策，使得一系列的生活性与生产性公共空间得以建设和更新，如政治服务类公共空间村委会、村史馆；同时市政府也注重公共生活品质与休闲娱乐性质的提升，由村集体自行建造文化驿站、老年活动中心、医疗卫生站等服务性公共空间，以及广场、篮球场、小公园等休闲娱乐类公共空间。传统村落的保护也逐渐被重视，多处村落开始发展乡村旅游、建设旅游项目，维护历史文物古迹，设置展览馆、红色纪念馆，发展民

表 4-8 公路相关公共空间

交通	公共空间	功能	典型案例呈现	
公路	公共空间趋向单调统一	停车场与公交站	私家车停放与公交车上下车	琉璃渠村停车场 / 桃园村公交站
		服务空间	政府办公服务	琉璃渠村养老驿站 / 丁家滩村公厕
		旅游空间	旅游观赏服务	河涧村铁路广场 / 涧沟村红色旅游基地
		休闲娱乐	日常生活物质交换	沿河城村篮球场 / 田园村健身场

宿等旅游服务类公共空间，这些对传统的公共空间的更新改造和再利用，激发了村落公共空间的活力。

1. 停车场与公交站

现代交通时期，公路作为主要交通方式，已经形成稳定规模。私家车的普及，使停车场成为村落中必备的公共空间场所，各个村落都建设了大小不一的停车场，供汽车停放。较大型的村落级别的停车场在村落中的分布一般基于两种形式（表4-9）。其一，位于村

表 4-9 村落停车场分布

落外围、村落入口或村落边缘处。比如涧沟村，背靠山体，村落被一条主干道包围，停车场与村落相对，中间间隔一条道路，位于村落入口。停车场为长方形，长约 80 m，宽约 18 m，约 50 个车位。灵水村只有一条入村道路，停车场位于村口，与村落旅游接待中心相结合，既作为入口广场又作为停车场。停车场地为正方形，长度为 70 m，约 100 个车位。其二，停车场位于村落中的村委会、广场等空间旁，临村落主干道的通行便利的闲置空间。比如青白口村的村委会庭院即为停车场，丁家滩村的集中停车场位于村落中心广场旁，并且在铁路沿线设置了路边停车场。此外，村落中还会设置小型停车场和路边停车场，多位于村落道路旁。停车场空间不仅是村落汽车的停放场所，也是村落的集散场所。有的村民也会在停车场进行一些活动，比如放风筝。

同时，各村落的公交站点是流动性的公共空间站点。此公共空间是政府植入的便于村民公共出行的一种空间。站点多位于村落入口的进村道路旁，是村民公共出行的暂时停留点。

2. 服务与休闲类的公共空间

此类公共空间多是统一规划设计建造的，以提升村落公共空间活力与品质。政治服务类的公共空间主要是村委会。生活服务类的公共空间包括养老驿站、卫生室、公共厕所和纯净水饮水器等。其中养老驿站多设置在村委会内部或村委会旁，卫生室多设置在村落中心位置，公共厕所和纯净水饮水器多设置在村落广场或主要街道。如琉璃渠村内服务类公共空间设置齐全。此外还有旅游服务类公共空间，包括展览馆、纪念馆、旅游咨询站、广场、商业街等空间。比如灵水村是旅游型传统村落，新建设了举人广场、旅游接待中心、展览馆，以及十余家农家乐。其中举人广场设有灵水举人村照壁，它是村内的旅游标志。

涧沟村的"平西情报交通联络站"是典型的红色旅游展览馆。它曾是宛平地区与中央社会部联系的一个重要枢纽，在抗日战争中承担与"东北抗联"的联络工作，主要发挥接送出入敌占区过往人员、传递情报资料、运送军用物资、物色和派遣情报人员、领导和联系已有情报人员及电讯联络等作用，曾为抗日战争和解放战争的胜利作出重要贡献。其后于2009年建成对外开放，是北京市第一个以情报战线为主题的展览馆，是国家安全教育基地、北京市爱国主义教育基地、北京市国家安全教育基地，承担村级以上的公共活动（表4-10）。

表 4-10 服务、休闲、旅游类公共空间分析

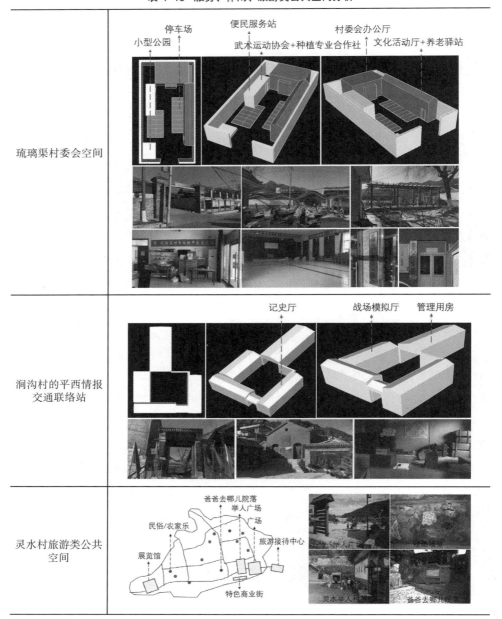

4.6 小结

　　交通廊道影响了地域内文化的生成，使得村落衍生出多样的公共空间。一些较为封闭、内向型的活动场所，主要承担的是村落内部的文化。而一些相对开放的公共空间，它不仅是村落自身的文化核心，更对地域文化的传播、发展起到了重要作用。通过对永定河、古道、铁路、公路等主要交通廊道与传统村落的关联耦合分析，在文化互动交流的过程中，公共空间的文化性、互动性与社会性逐渐凸显出来，体现了公共空间的历史意义和价值。与地域的整体演进相对应，传统村落公共空间也经历了形成、繁荣、衰落和兴起的变化。

　　在案例归纳的基础上，本章梳理了村落公共空间的类型，涉及生产、生活、生态三个方面。不同时期的公共空间主体也有不同，在永定河被利用的早期，人们以基本生存为主要目标，仅有简单的生活性公共空间与生产性公共空间；在古道形成和延展时期，随着人口迁移、资源运输、信仰传播与军事防御等诉求的提出，村内寺庙、茶棚、商铺、石磨、水井等生活性与生产性公共空间繁荣发展，村落空间活力剧增；在近代铁路时期，生活性空间大大衰弱，生产性空间不断扩张更新；在如今的公路时期，村落内公共空间得到恢复、更新与品质提升，但也出现了村落公共空间风格过于单调统一的问题。

　　此外，分析发现古道交通廊道变化的前后，公共空间在类型、承担功能及形态上的变化最大。由于永定河与古道作为交通方式有较长时间的同时空期，公共空间功能与形态较为相似。而铁路与公路作为交通方式也存在时空的重叠，铁路与公路的公共空间的功能与形态较为相似。

5 变迁中的村落公共空间

通过前面章节分析可知，交通廊道经过历史演化，使得京西传统村落公共空间发生相应改变。由此，可将交通变迁分为两大时段：第一时段为永定河交通廊道与古道交通廊道，可将其定义为传统交通时期；第二时段为铁路与公路，可将其定义为现代交通时期。以此作为依据，可分析两个时段中公共空间的演化。

在分析过程中，本章针对四个方面进行分析与思考。其一，分析交通廊道对村落空间的融通效应与分流效应，以及影响公共空间要素的历史变化与作用机制；其二，对公共空间形态变化进行分析，将公共空间分为公共建筑、街巷空间和广场空间三类展开探讨；其三，对公共空间的功能变化进行总结，将门头沟区传统村落公共空间的功能变化分为功能的消失、延续、新生与置换四种；其四，基于对村落与交通的紧密联系度、村落公共空间的类型与演化特征的代表性的考虑，选定琉璃渠村进行公共空间演化的案例分析。通过分析传统村落公共空间的演化，总结公共空间演化的趋向，为后续的更新提供依据。

5.1 村落空间的交通媒介：融通与分流

5.1.1 融通效应

正是多类交通廊道的存在，使散布于门头沟地区的传统村落的资源得以充分整合，使自然要素、政策要素、社会要素、技术要素可协同支持村落空间的更新发展（图5-1）。

1. 自然要素

自然要素在一定程度上影响和决定着村落的选址与空间格局，对公共空间的形成与发展产生影响。一方面，门头沟区地形地貌的复杂变化，对村落空间格局的形成与发展

5 变迁中的村落公共空间

图 5-1 影响公共空间变化的因素
（来源：自绘）

有极大限制，使得村落不得不适应自然因素的改变，发展出背山面田、背山面水、择水而居等村落选址模式。但同时也造就了曲折变化、高低错落、各不相同的村落街巷空间（图 5-2）。另一方面，丰富的自然环境要素为公共空间提供了极多可能性。门头沟区有丰富的煤炭、木材等资源，在传统交通时期，促进了门头沟区村落煤窑厂、煤矿区、琉璃厂

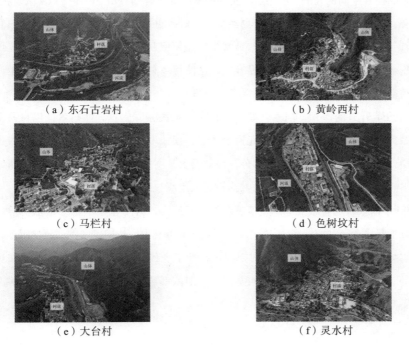

（a）东石古岩村　　　　　　　　　（b）黄岭西村

（c）马栏村　　　　　　　　　　　（d）色树坟村

（e）大台村　　　　　　　　　　　（f）灵水村

图 5-2 传统村落选址与空间格局
（来源：自摄、自绘）

等产业的发展,也促进了京西古道的形成,从而引发了商业空间的繁荣,以及寺庙、会馆、茶棚等公共空间的产生。如今,门头沟区正在发展绿色生态旅游,优美的自然环境仍是村落发展的支撑。自然环境要素为门头沟区村落的发展提供了有力的保障,促进了公共空间的形成与发展,也激发了公共空间的活力。

2. 政策要素

政策要素会直接影响村落公共空间生成与发展的内在逻辑。在传统交通时期,统治者对大多数村落的干预较少,村落的公共空间遵循自组织的发展模式,公共空间多是为了满足功能需求而自发形成的,如满足村民日常生产生活需求的水井、石磨空间和供村民交往的树下、街巷拐角等空间。

而到了现代交通时期,政府对村落进行了统一管辖,开始进行自上而下的理性构建,干预和影响公共空间的发展。在此期间我国先后经历了计划经济、改革开放、城镇化建设、城乡融合、乡村振兴的阶段。实行计划经济时,政府重视农村经济发展,推行农村合作、人民公社等一系列农村政策,村民的日常生活主要服从于农业生产及政治权力,传统村落的"集体性"和"公共性"得到提升[1]。这使得乡村自主性遭受空前压制,生产性的公共活动空间逐步取代了寺庙等生活类公共空间。

随着改革开放的深入,国家开始放权让利,与民休养生息,使村落得以自我发展,通过一系列政策调整,村落开始转变为个体经济模式。改革开放以后,我国农村步入城镇化阶段,村落人口外流严重,一部分村民"离土又离乡",使乡村社会中坚力量缺失,村落的空心化和老龄化严重,乡村公共活动无人组织、无人参加。

2000年以来,随着城乡统筹发展理念的不断落实,全社会对"三农"问题愈加重视,相关政策不断出台。2005年提出"建设社会主义新农村",长期以来的"乡村服务城市"开始向"城市反哺乡村"转化,乡村空间也开始了现代化建设。2012年,国家住房和城乡建设部、文化部(现改为文化和旅游部)、财政部印发了《关于加强传统村落保护发

---

[1] 张淼林. 传统村落公共空间的变迁与活化研究[D]. 太原:太原理工大学,2019.

展工作的指导意见》，促进传统村落的保护与发展。2017年后，我国实施乡村振兴战略，传统村落得到前所未有的发展。伴随门头沟区将基本功能定位转变为生态涵养发展区，村落开始积极发展新型绿色产业，注重公共空间的文化传承与品质提升。关于政策的发展变化请参见图5-3。

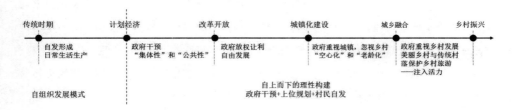

图 5-3 政策阶段梳理
（来源：自绘）

3. 社会要素

社会要素影响村落的社会秩序、观念意识的形成与转变，同时也影响村落公共空间类型的丰富度与公共空间场所的活跃度。如在传统交通时期，宗教信仰的氛围浓厚，村落的公共活动大多围绕庙宇进行，宗教文化深深地融入门头沟区村落的生活中。军事防御的需求也影响着村落的分布、空间形态，同时也促进了公共空间的衍生；现代化与新媒体的发展，进一步促进了村民思想意识与公共空间场所的开放，公共空间逐渐变得更加丰富与多元，但手机、电视、互联网等媒体的介入，也使得村民的公共活动网络化，公共空间的活力开始下降。

4. 技术要素

技术要素主要对村落公共空间的品质产生影响。纵向来看，随着时间的推移，社会不断发展，村落的产业逐渐规模化，村落中医疗类、服务类、休闲娱乐类公共空间产生；横向来看，同时段的不同村落之间，由于技术与产业发展的不同，村落公共空间品质也大不相同。

5.1.2 分流效应

京西地区的中心村落或重要的公共空间，都占据了重要的地理位置，聚集了较多的要素类型，通过交通廊道将要素分流疏散至其他村落点，可形成良性的反馈效应（图5-4）。比如琉璃渠村，它自古至今都作为交通主枢纽而存在，村内有过街楼、商业街、茶棚等主要的历史文化要素。在传统交通时期，由于妙峰山娘娘庙的引流驱动力，文化要素通过妙峰山香道向北分流，带动了桃园村、樱桃沟村、涧沟村等村落的发展；如今丰富的历史文化要素、"琉璃文化"和生态观光园的驱动，仍起着重要的分流作用。此外王平村、韭园村、沿河城村等中心村落同样承担着主要的分流疏散作用，与交通沿线或周边村落形成互动、反馈的良性效应。

图 5-4 交通廊道的分流效应
（来源：自绘）

5.1.3 影响要素的历史变化与作用机制

公共空间的影响要素也是促进公共空间变化的动力，各类要素都对公共空间产生着积极与消极的综合影响。不同时期影响要素的作用程度不同，所产生的影响程度和结果也不同，不存在必然性和决定性。在一定的历史阶段，这些要素分主次地作用在物质形态上，主导要素对公共空间产生影响并促进其他要素变化。在不同的历史阶段，主导要素也会发生变化。这些要素不断地交替作用，使公共空间在整个历史进程中经历了形成、发展、繁荣、没落、转换等不同过程，使其形态与功能不断发生变化。

在村落初步形成时，自然要素是主导要素。随着村落的发展形成，自然要素的主导作用慢慢消退，观念意识逐渐成熟，社会要素成为公共空间繁荣的主要促进因子。在现代交通时期，美丽乡村建设、传统村落保护和旅游发展转型的呼声高涨，技术要素和政策要素占主导，村落公共空间受到上位规划和经济产业发展的影响（图5-5）。

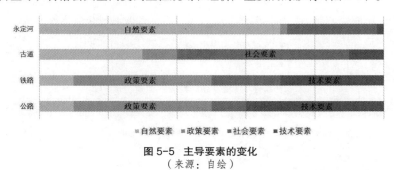

图 5-5 主导要素的变化
（来源：自绘）

交通体系是村落公共空间与外界进行人、物、信息流通的媒介。影响要素首先会影响村落公共空间的交通发展与变迁，使村落空间和生产生活需求发生变化，从而使村落公共空间被动或主动地进行调整与改变。因此引起公共空间变化的影响要素的作用层级可以总结为：影响要素—交通体系—村落—村落公共空间。

5.2 公共空间形态："自由"与"规整"

在厘清交通媒介的各类效应后，再对村落公共空间的形态演化进行分析，发现从传统交通时期到现代交通时期，公共空间形态的演化有三种趋向：公共建筑趋向于"风格混合"、街巷空间趋向于"笔直单一"、广场空间趋向于"大尺度"与"规整"。

5.2.1 公共建筑

公共建筑是指承担村民公共活动的建筑空间。传统交通时期，门头沟区传统村落的公共建筑的类型以寺庙为主,此外少数村落中还有过街楼、戏台、茶棚和会馆、碉堡等空间。由于寺庙、过街楼、戏台是较大众的空间,且目前碉堡、茶棚空间消失,形态不好整理,因此本节主要对寺庙、过街楼和戏台空间进行形态分析。

通过现场调研,并对灵水村、黄岭西村、三家店村、琉璃渠村、桃园村五个村落的寺庙空间进行测量(表5-1),发现寺庙空间多为一进或二进四合院,单体院落的总面积为300~500 m²,单体都是一层的坡屋顶式建筑,建筑墙体的材质多为石材或灰砖,屋顶为木结构。庭院空间较为空旷,多保存有古树,承担人的通行与祭祀等公共活动。过街楼与戏台都是单体式建筑,面积为60~100 m²,建筑墙体的材质同样多为石材或灰砖,屋顶为木结构。

表5-1 传统交通时期公共建筑梳理

庙宇	模型	空间规模	建筑风貌
桃园村 关帝庙		长19 m;宽16 m	形式:一进四合院
		建筑面积:224 m²	层数:一层
		院落面积:80 m²	屋顶:坡屋顶
		总面积:304 m²	材质:灰砖+木材+瓦片
黄岭西村 灵泉庵		长27 m;宽20 m	形式:一进四合院
		建筑面积:245 m²	层数:一层
		院落面积:195 m²	屋顶:坡屋顶
		总面积:440 m²	材质:灰砖+木材+瓦片
灵水村 龙王庙		长52 m;宽30 m	形式:二进四合院
		建筑面积:568 m²	层数:一层
		院落面积:748 m²	屋顶:坡屋顶
		总面积:1316 m²	材质:石材+木材+瓦片

续表

庙宇	模型	空间规模	建筑风貌
琉璃渠村关帝庙		长28 m；宽16 m	形式：一进四合院
		建筑面积：200 m²	层数：一层
		院落面积：248 m²	屋顶：坡屋顶
		总面积：448 m²	材质：灰砖＋木材＋瓦片
琉璃渠村过街楼		长10 m；宽8 m	形式：单体建筑
		建筑面积：80 m²	层数：二层
		院落面积：0 m²	屋顶：坡屋顶
		总面积：80 m²	材质：石材＋木材＋瓦片
沿河城村戏台		长10 m；宽8 m	形式：单体建筑
		建筑面积：80 m²	层数：一层
		院落面积：0 m²	屋顶：坡屋顶
		总面积：80 m²	材质：石材＋木材＋瓦片

如今，保存下来的寺庙、戏台等建筑仍是村落的公共建筑。但是随着社会功能的变化调整，在村落中增加了村委会、学校、村史馆、展览馆等空间（表5-2）。其中，村委会建筑多分为两种形式：一种为新建设的现代化建筑，如黄岭西村委会；一种为新建的仿古式建筑，如灵水村委会。院内空间尺度较大，地面较平整，除人的正常通行外，还承担停车的功能。村史馆、展览馆空间多为对传统建筑空间的再利用，如涧沟村的"平西情报交通联络站"。村落中的学校多为小学，建筑空间多为2~3层建筑。

表 5-2　现代交通时期公共建筑梳理

庙宇	模型	空间规模	建筑风貌
灵水村村委会		长 55 m；宽 45 m	形式：现代仿古
		建筑面积：732 m²	层数：一层
		院落面积：1743 m²	屋顶：坡屋顶
		总面积：2475 m²	材质：灰砖 + 木材
黄岭西村委会		长 24 m；宽 20 m	形式：现代仿古
		建筑面积：265 m²	层数：一层
		院落面积：215 m²	屋顶：坡屋顶
		总面积：480 m²	材质：灰砖 + 木材
琉璃渠村委会		长 46 m；宽 29 m	形式：现代建筑
		建筑面积：548 m²	层数：二层
		院落面积：786 m²	屋顶：琉璃屋顶
		总面积：1334 m²	材质：灰砖 + 钢筋 + 琉璃

通过对传统交通时期公共建筑与现代交通时期公共建筑的比较分析发现，两个时期的公共建筑形态在空间布局、建筑风貌等方面都存在差异（表 5-3）。现代交通时期的公共建筑趋向于传统与现代的风格混合，注重建筑的使用价值。一方面，在传统建筑上进行修复，植入现代式的建筑构件；另一方面，新建房屋采用"仿古"的样式，或是赋予其折中式的传统样貌。

5　变迁中的村落公共空间

表 5-3　公共建筑对比总结

类型	传统交通时期公共建筑			现代交通时期公共建筑		
	寺庙	戏台	过街楼	村委会	学校	旅游服务
照片示意						
空间布局	1. 选址受自然与传统文化影响大 2. 集中核心式布局 3. 空间组团自由			1. 选址受上层规划影响 2. 多位于村落外围 3. 分布不均 4. 空间组团规整		
空间规模	面积小 1000 m² 以下			面积大 1000 m² 以上		
建筑风貌	1. 保持传统风貌，部分建筑进行仿古式修复 2. 坡屋顶式建筑 3. 石材 + 木材 + 灰砖 + 瓦片			1. 建筑风格混乱，部分建筑是对传统建筑空间的再利用，部分建筑是现代式仿古设计 2. 平屋顶式建筑 3. 红砖 + 灰砖 + 钢筋		
空间价值	文化价值 + 历史价值 > 使用价值 + 商业价值			使用价值		

5.2.2　街巷空间

街巷为线性空间，往往作为村落建成区的结构骨架，串接起宅院、祠庙、门楼、戏台、村委会等空间节点，供村民通行交往，构成完整的村落形态。与城镇相比，村落街巷空间的使用方式更加多元，作为公共区域与院落的连接体，承担着社交、游憩、崇祀、节庆等公共行为。浅山或平川地区的村落，规模往往较大，街巷遵循自上而下的规划逻辑，具有较强的自明性；深山或沟峪沿途的村落，受到用地或外部空间的限制，街巷的自组织性格外显著。村落所处的地域环境、外界交通体系、社会文化等因素，共同影响街巷空间的形态、比例尺度与界面特征。

1. 街巷空间形态的形成

传统交通时期，是门头沟区村落形成与繁荣发展的时期。村落多临永定河而建，临水而居，街巷的空间形态与河流形成互动关系。通过对村落街巷空间形态的梳理，将门头沟区传统村落街巷空间形态分为三种（表5-4）。其一，主要街巷与河流平行，其他街巷顺应地形变化，向两侧分散。此类街巷空间结构简单规整，导向性强，如色树坟村与河南台村。其二，主要街巷与河流垂直，次要街巷顺应地形垂直于主街巷，小巷多垂直于次要街巷，此类街巷布局的村落一般位于地势较高处，村落多呈现组团式布局，如安家庄村与斜河涧村。其三，古道也对村落街巷格局产生影响，有古道经过的村落多以古道为主街巷，次要街巷与主街巷垂直，呈现不规则的空间形态，如琉璃渠村和三家店村。

表 5-4　传统村落街巷布局

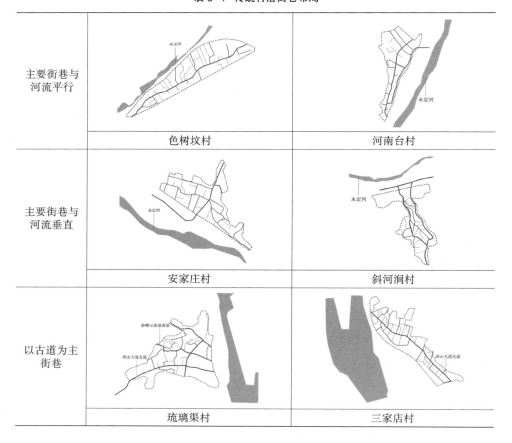

5　变迁中的村落公共空间

此外，门头沟区传统村落多建在较为平缓的土坡或山地之上，呈现出"依山就势、层级而上"的村落空间形态。村落中的建筑多是在长时期中自发形成的，自由度较高。因此街巷空间大多呈现弯曲、迂回、曲折、存在高差的形态（图5-6）。同时，也产生了许多交往空间，如街巷拐角、大树下、古井旁或石磨旁等，是村民日常交往、集聚的场所空间，形成了有趣的村落街巷肌理。

黄岭西村街巷

灵水村街巷

马栏村街巷

图 5-6　传统村落街巷形态
（来源：自摄）

2. 街巷空间形态的变化

通过现场调研发现，街巷的变化主要有三个方面。首先，街巷尺度变大。传统街巷的主街主要是供村民行走或马车通行，宽度较窄，大多为 2.5~5 m，次要街巷与小巷一般只供村民行走，宽度为 1~3 m。但随着村落空间的扩张，村落新建区增加了新的街巷空间，宽度变大，约 6 m，次要街巷与小巷的宽度无明显差别（表5-5）。这主要是因为随着交通体系的变化，汽车交通工具的普及，对街巷的通行要求增多，并且在城镇化进程中，村落加强了管道等基础设施的完善，这也对村落街巷的宽度提出了新的要求。

表 5-5　传统村落街巷宽度

新建/扩宽后主街	传统主街	传统次街	传统小巷
宽 6 m	宽 4.5 m	宽 2.5 m	宽 1.5 m

135

其次，街巷空间由曲折向笔直单一转变，街巷空间中缺少了许多交往空间。以前，街巷空间多是曲折变化的，有许多节点空间，村落街巷除了交通通行外，也是村内重要的交往空间。而如今在城镇化、现代化的建设与城市化的设计手法下，人们对传统村落进行了更新改造，统一规划，新建建筑采用行列式排布，街巷也考虑到汽车通行，笔直通畅，但与传统街巷肌理发生了割裂，很多人性化尺度下的空间被忽略。比如丁家滩村，在传统街巷区域中以一条东西的斜向道路为主，从主街巷分出多条小巷，小巷宽度较窄，为1~2.5 m，曲折变化明显，且有多条断头路，街巷和建筑布局自由性很强。新建区域位于传统建筑区的北方，为长条形，村落新增加了京门铁路线的双向道路，每条道路宽约4 m。建筑排列整齐排布，街巷笔直通畅（图5-7）。

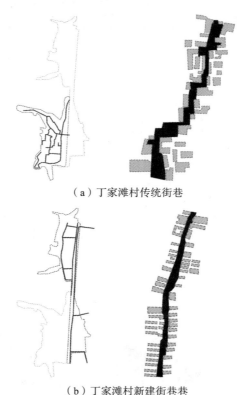

（a）丁家滩村传统街巷

（b）丁家滩村新建街巷巷

图5-7 丁家滩村街巷变化对比
（来源：自绘）

5　变迁中的村落公共空间

最后，街巷空间界面构成也发生了变化，传统交通时期村落街巷的底界面受地形影响较大，街巷以缓坡与高差台阶的形式为主，而如今新建的街巷较为平缓和平整。此外，传统交通时期的铺装材料多就地取材，以三类材料为主，即石块铺砌、砖石混合、自然夯实。现如今多数村落的主街道、次街道大多都改为硬化的水泥路面。

5.2.3　广场空间

广场空间即村落中的开敞空间，它是村落公共活动和日常生活的主要空间场所。在传统村落中，村落的广场空间主要有两种形式：第一种为村落中的小尺度节点空间；第二种为较大尺度的广场空间。

1. 小尺度节点空间的变化

此类空间多是街巷与建筑组合而成的一块空地，如街巷交叉口空间、街巷高台空间，或是街巷、建筑与某种生产生活所需的物质要素相结合的空间，比如古树空间、水井空间、石磨空间。这些空间丰富了街巷空间层次，使街巷变得更加有趣。

通过现场调研发现，此类空间多位于街道旁，与街巷融合，有可依靠的、较为完整的边界，空间形态根据街巷与建筑的变化而变化，规模尺度较小，为 20~40 m²，可容纳人数在 10 人以下。通常布置石凳、条石、石墩、树干、座椅之类的物质设施，大多是就地取材或村民自行设置的，以便人们停留与休憩。此类空间是村民日常所要经过、日常生活所需的场所，因此是村中最具吸引力的人际交往空间，它活力旺盛，空间利用率高，是深受村民喜爱、独具人气的日常活动空间（表 5-6）。并且有时候此类空间是复合存在的，如丁家滩主街中深受村民喜爱的一处高台空间，其位于街巷拐角，旁边有一棵百年古树，上面设置了石桌椅，村里的老人们经常在此处打牌。

街巷交叉口空间是村落中较为活跃的节点空间，因为其承担了交通的功能，是村民日常生活必需的空间，以自发性活动和社会性活动为主。街巷中建筑前的高台空间也是深受村民喜爱，自发形成的节点空间。因为这既是街巷空间的一部分，又是民居建筑空间的对外延伸，对村民来说这是最近、最便捷的公共空间场所，村民们可以悠闲地乘凉、晒太阳、交谈，孩童们可无忧无虑地玩耍。古树多位于村落街巷中，是村民们必不可少

表 5-6　传统村落小尺度节点空间

街巷交叉口空间	高台空间	古树空间	水井空间	石磨空间

的交往活动场所。水井空间与石磨空间，在传统交通时期是每家每户村民都离不开、每天都要去往的公共设施之一，自然成为村落中的交往空间。

此类空间从古时自发形成，如今仍是村民日常生活的公共空间节点，但其承担的功能与活动发生了变化。村落中的街巷高台空间与古树空间仍普遍存在并充满活力，村民主要在此闲聊、休憩、乘凉与晒太阳。但石磨空间、水井空间较少，因为打水、磨面的需求已经没有，很多村落的水井与石磨已经废弃或消失。也有村落将其保存下来，如今，这里既是公共空间节点，也是发展旅游的参观景点。既是传统生活与记忆的保留，也是村落生活景观的重要组成部分。

比如灵水村在后街巷中留下的一口水井上建设了凉亭，这里便成为老人和小孩喜欢的公共空间，同时也作为一个旅游景点，让游客感知水井空间文化。村落里的"爸爸去

5 变迁中的村落公共空间

哪儿"2号院院落前有一处石磨,与院落结合形成公共空间节点,院落与石磨之间的石板可供村民和游客休憩。

黄岭西村主街巷的三岔口旁也保存有石磨,石磨位于开敞建筑里,街巷旁还有一处水井,位于大树下,现在此口水井仍在使用,水井旁还有水槽和石板,构成石磨—水井—大树的公共空间体系,人们通过它们可以感知传统交通时期村民的生产生活状态(图5-8)。

灵水村水井、石磨

黄岭西村水井、石磨与古树

图 5-8　灵水村与黄岭西村水井、石磨空间
(来源:自摄)

2. 大尺度广场空间的变化

在传统交通时期，传统村落中的广场空间多是公共建筑前的空地，如寺庙、古戏台前的广场，村落主街巷交叉口的广场。此类空间多位于村落中心或边缘，由建筑、街巷围合而成，有较为明显的空间边界。现代交通时期，除了寺庙或古戏台前的广场空间外，还会在村落入口处或边缘新建村落广场。寺庙或古戏台前的广场空间形态无明显变化，而新建的村落广场规模大，边界感较弱，地面平整。

同时，广场的景观要素也更加丰富。传统交通时期广场的景观要素多为石磨、古井、古树。现代交通时期，为丰富村民日常生活，增加游客参观的乐趣，提升公共空间的生活品质，在广场的景观要素中，除了有传统的历史环境要素之外，还增设了村落文化要素，如文化墙、文化展示小品、雕塑和一些基础设施类的元素。

借助现场调研测量及线上地图工具的辅助，本书对村落中一些广场空间进行了形状、长、宽、面积和构成要素的梳理（表5-7）。可以发现，寺庙前广场虽然后期经过改造，但空间形态多是在建筑街巷等村落原始肌理下产生的，属于自然生长型空间，平面形状多为不规则形，面积都在 1000 m^2 以下，尺度较为亲切宜人；新建的广场多位于村落边缘或村落新区，有规划设计的导入，因此规模尺度较大，平面形态多为较规整的方形，面积为 1000~3200 m^2。

以灵水村为例，村落天仙圣母庙、南海火龙王庙的前广场，长约 27 m，宽约 24 m，面积约 648 m^2。广场的景观要素有传统交通时期留存下来的一棵古树、一处八角龙池，还有现在新设的多处石凳和座椅、标志牌、路灯等基础设施，可保障村民日常活动、游客参观与休憩。而村口的广场组团总面积约 5400 m^2，具体为游客中心广场面积约 3200 m^2，影壁广场约 3200 m^2，举人广场约 1200 m^2。此广场组团是村落中最大的广场空间，承担健身、休憩、小型集市、活动表演、停车、参观、集散等多元功能（表5-8）。

5 变迁中的村落公共空间

表 5-7 村落广场空间梳理

时期	广场名称	形状	构成要素
传统交通时期	琉璃渠村关帝庙前广场	不规则长方形	健身器材、标志、石墩
	爨底下村关帝庙前广场	三角形	观景凉亭、景观石、古树、石墩
	灵水村龙王庙前广场	不规则长方形	戏台、八角龙池、古井、古树2棵、石凳、座椅、路灯、标志牌
	水峪村圆台广场	圆形	景观廊架、花坛
	桃园村关帝庙前广场	梯形	古树2棵、路灯、座椅、垃圾桶
现代交通时期	马栏村龙王庙前广场	长方形	大舞台、雕塑、路灯、宣传栏、座椅
	灵水村举人广场	长方形	雕塑、景观石、座椅、宣传栏、花坛
	灵水村影壁广场	梯形	影壁、休息亭、宣传栏、座椅、花坛
	灵水村游客中心广场	长方形	大舞台、文化展览馆、灵水书院、旅游咨询中心、树木多棵、花坛、宣传栏、条幅、灵水村导览栏
	琉璃渠村"九龙壁"广场	长方形	"九龙壁"文化墙、路灯、座椅、花坛、宣传栏
	丁家滩村体育广场	梯形	篮球场、乒乓球台、树木、花坛、座椅、宣传栏

表 5-8 灵水村广场空间

5.3 公共空间功能："主导"与"多元"

本小节对村落公共空间的功能演化进行分析，发现从传统交通时期到现代交通时期，公共空间功能存在消失、延续、新生、置换四种演化方式。

5.3.1 空间功能概述

公共空间的产生与所承担的功能由空间诉求决定。在传统交通时期，村落中有宗教信仰、商贸往来、军事防御及日常生活等几大诉求，因此公共空间主要承担村民的庙会、祭祀、茶道会、防御，以及村民日常交往、休憩、买卖等功能。在现代交通时期，村落职能向发展民俗旅游与休闲农业转变，对公共空间也作了相应的改变与优化。在提升村落生活质量和整体环境的同时，也要配置与旅游相关的场所空间，如增设旅游参观景点和服务游客的基础设施，来提升旅游服务水平。村落公共空间的服务主体增加了游客这一群体,除了为村民提供生存发展条件,承担本村村民的公共活动与日常生活的功能之外,也要承担旅游与休憩功能,一些公共空间甚至主要为游客服务(表5-9)。

表5-9 传统村落公共空间功能

功能类型	公共空间	主体功能	是否存在	新增功能
生活性	古树	交谈、乘凉	是	观赏
	古井	打水、交谈	否	观赏
	街巷	交往、通行	是	观赏
	高台	休憩、交往	是	—
生产性	石磨	生产、交谈	否	观赏
	晒谷广场	生产、交谈	否	休闲、展示
	山西会馆	议事、交谈	否	展示、教书
信仰性	寺庙	祭祀	是	观赏、传承
	过街楼	祭祀、防御、展示	是	观赏、标志
	祠堂	祭祀、议事	否	—
商业性	商铺	买卖、交往	否	居住、观赏
	超市	买卖、交往	是	—
	民宿/农家乐	休闲、旅游	是	—
娱乐性	戏台	听戏、交谈	否	观赏、休憩
	广场	娱乐、休憩	是	—
	凉亭	休憩、交谈	是	观赏
防御性	城门	防御、标志	否	观赏、传承
	碉楼	防御、标志	否	观赏、传承
政治性	村委会	办公、议事	是	—
	村史馆	展览、传承	是	—
	学校	教书、育人	是	—
服务性	茶棚	休憩、喝茶	否	观赏
	养老驿站	老人服务	是	—
	卫生室	健康服务	是	—
	公交站	出行服务	是	—
	停车场	停车服务	是	—
	展览馆	旅游、传承	是	—

5.3.2 功能的消失

功能的消失主要是指军事防御空间所承担的防御功能的消失。以沿河城村为例，沿河城村位于古时防御交通要塞之上，被建设成为长城环绕的军堡型村落，古时这里常年有军队驻扎，是军民共居的典型村落。因此传统交通时期对屯兵、练兵需求较高，产生了很多军事防御类的公共空间，如下衙门、望警台、演武厅、营房、火药楼、大板仓等（图5-9）。如今已全部拆毁，只剩下标牌，承担的防御功能也随之消失，多变为居住空间。

上衙门位于村东北部，如今已是一片民居；下衙门原是老爷庙，曾供有关帝、周仓、关平的塑像，后总督驻此管城防事务，是官员们的下马处，现为邮局；大校场与小校场乃是当年沿河城驻军演习操练之所，现在大校场已经成为梯田，小校场变为民居；演武厅原是为操练比武而建，在合作化时期曾经长期作为牛圈使用，后因修简易公路而将其

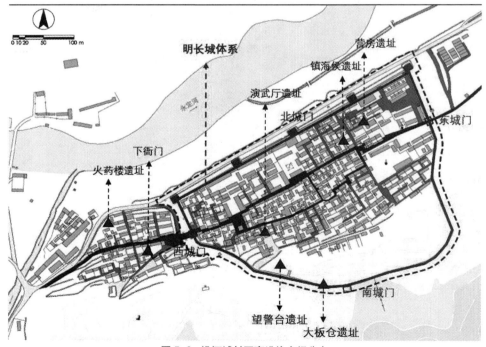

图 5-9 沿河城村军事设施空间分布
（来源：根据《沿河城村传统村落保护与发展规划（2020—2035）》改绘）

5 变迁中的村落公共空间

拆毁；此外还有为驻军而建的营房、为存储火药而建的火药楼、为屯粮而建的大板仓、为查看敌情的望警台等军事设施，但都随着时间的流逝而消失。

同时村内与军事活动相关的生产生活功能也随之消失。由于沿河城村军民混住，村民多会养羊、猪、鸡卖给屠户，供应给驻军。还有很多村民给守备营当差，由官府发饷。听村内老人讲，当时有很多村民在军队当差。民国时期，沿河城撤掉了驻军，军人家属和在衙门当差的村民的关饷停发，相关职业也随之消失。

5.3.3 功能的延续

功能的延续，主要是街巷空间与小尺度广场空间所承担的通行、交往与休憩的生活性功能的延续。传统交通时期，普通村落的街巷主要供本村人日常通行，位于古道之上的交通型村落的商业街也会承担来往商人的通行、休憩与物资交换功能；现代交通时期，街巷空间的主体功能得到很好的延续，只是部分发展旅游业的村落中的街巷空间在承担的人群主体中增加了游客，因此空间功能多了旅游观光与宣传的功能。比如三家店村与琉璃渠村的商业街，就是旅游观光与体现传统文化的重要景点街道。沿河城村的主街巷两侧墙壁上张贴了长城文化与军事文化的宣传栏，在承担村民与游客通行功能的同时，也起到了宣传与传承文化的作用。街巷交叉口空间、高台空间仍主要承担村民休憩、闲聊等日常生活功能。

5.3.4 功能的新生

功能的新生主要是指现代交通时期向村落中植入服务类、休闲类与旅游类的空间，如村委会、养老驿站、卫生所、公共厕所、饮水站等服务性质的公共空间，以及健身广场、展览馆、村史馆等休闲与旅游性质的公共空间。

此外，京门铁路的荒废也为部分村落带来了新的日常生活空间，其中丁家滩村和色树坟村表现得最为明显。在铁路停运荒废后，出现了另一种现象，铁路沿线得到丰富多样的利用，成为村落不可缺少的公共空间场所。村民们自发在铁路线上种花种菜，修建石质的台阶、座椅，还摆放废弃沙发、座椅等景观小品装饰，便于人们日常交流与休憩，使铁路沿线空间发挥最大的用处（图 5-10）。

图 5-10 丁家滩村铁路沿线空间再利用
（来源：自摄）

5.3.5 功能的置换

功能的置换主要指村落中公共建筑空间主体功能的变化与置换。随着村落综合发展的变化与调整，传统交通时期与现代交通时期的公共建筑发生变化，其承担的功能也从信仰性、娱乐性、防御性向政治性与服务性转变。

寺庙在传统交通时期是村民宗教信仰的寄托，承担定期的祭祀、庙会期间的表演等活动，如今保存较好的寺庙除了供村民信仰祭拜外，更多作为历史文化建筑进行旅游观赏与文化传承，如寺庙空间作为展览馆、村史馆被再次使用；戏台的唱戏功能已不复存在，更多作为村民日常生活休憩的空间场所，以及供游客旅游参观；过街楼如今则主要作为旅游景点，承担展示与参观的功能。三家店村的山西会馆建筑，曾是山西人为方便经商与相互联络，为融入当地社会，长期发展而产生的，主要承担供当地的山西人议事的功能，如今则是三家店小学，内部还设立了校史馆，对外开放，可供游客参观和了解三家店小学的建校史、山西会馆的历史。

此外，随着旅游的发展，越来越多的民居院落变为民宿或农家院或历史建筑参观点，成为村落中重要的公共建筑,承担起旅游服务的功能。比如爨底下村与灵水村等村落在发展旅游后,很多民居被改造为民宿或农家院。三家店村的东街 78 号院,作为重点保护院落和旅游参观景点,承担村民居住与游客观赏两大功能,可让游客感知古商号空间场所,观赏门楼下檐细腻美丽的雕刻。另外,古井、石磨等空间的生产功能虽然已经消失,但仍是村民日常生活的活动场所,如今作为传统村落中重要的历史文化要素,承担参观与体验传统文化的功能(表 5-10)。

表 5-10　传统村落公共空间的功能转换

沿河城村戏台	听戏唱戏→休憩参观		三家店村山西会馆	会馆→学校	
爨底下村民居	民居→民宿		三家店村商铺	商铺→参观	

5.4 小结

本章在现场调研的基础上，对交通变迁下门头沟区传统村落公共空间的演化进行了分析。在从传统交通到现代交通变迁的过程中，传统村落公共空间的演化有明显的规律性与相似性。

其一，演化的影响因素存在阶段性的变化，不同时期的影响因素作用的程度不同，所产生的结果也不同，不存在必然性和决定性。以交通为过渡媒介，主要有融通与分流两种效应，它们共同影响村落公共空间的演化。

其二，传统村落公共空间的形态从"自由"趋向于"规整"。公共建筑空间趋向于"风格混合"；街巷空间形态由曲折走向笔直单一；广场空间形态从建筑围合、尊重肌理走向规划设计的规整有序。

其三，传统村落公共空间的功能从"主导"逐渐走向"多元"。传统交通时期公共空间所承担的军事防御、宗教信仰、生产生活等功能均在一定程度上弱化甚至消失，但在文旅融合的背景下，公共空间的功能也不断地延续和更新，传统的公共空间发生了功能转换，以实现对公共空间的再利用。

6 村落案例解析

在区域研究的基础上,本章继续贯彻"多尺度"的分析方法,在分析中,关注宏观的山水交通体系,以及中观的村域环境,分析这些环境要素在微观的村庄或院落空间场所中的特征。分别选择了位于平原的琉璃渠村和居于山地环境中的东石古岩村,解析村落的空间特征、演化规律、保护策略。再将基于单元个体的解读,提升至集群维度,将视角从东石古岩村扩展至王平镇村落群,综合分析水系、驿道、铁路等要素给村落演替带来的影响。在分析过程中,空间类型、日常生活、文化记忆等概念,作为"工具"辅助,可以帮助我们更好地认识和理解传统村落从前现代交通时期进入现代交通时期所发生的变化,以及所面临的挑战。

6.1 琉璃渠村的公共空间

选取琉璃渠村作为案例研究的原因有三点:其一,它位于交通节点之上,通过前文对流域与交通廊道的分析可知,琉璃渠村临永定河而居,商道西山大道北道与妙峰山香道南道穿村而过,村落旁也有京门铁路、丰沙铁路临村而过;其二,琉璃渠村拥有独特的琉璃烧制工艺,这对村落发展、公共空间与日常生活的演化都起着不可忽视的推动作用;其三,村落价值与旅游发展潜力大,琉璃渠村被列入中国历史文化名村、第一批中国传统村落和首批北京市级传统村落名单,村落所特有的琉璃烧制工艺是国家级非物质文化遗产,村落历史悠久,文化底蕴深厚。

村落目前在挖掘"琉璃文化",充分利用"琉璃之乡"的优势,发展特色旅游与特色产业,集种植、养殖、旅游接待于一体。这也决定了在从古至今的各个时期中,琉璃渠村的公共空间都具有独特性与代表性,可较好地表征交通变迁中村落的公共空间演化,尤其是商道与香道对村落公共空间形成与发展的影响。

6.1.1 村落空间格局

琉璃渠村位于京西门头沟区龙泉镇域北部，坐西朝东，背山临水，背靠九龙山，西临永定河。从 USGS Earth Explorer 和 Google Earth 获取村落在 1967 年、2002 年及 2022 年的地图，并结合历史资料可知，历史上琉璃渠村首先沿着西山大道向北发展，妙峰山进香道从村落外围通过，而后由于人口扩张，村落逐渐向北面拓展，形成以两条古道为骨架的村落空间格局。如今的村落整体平面呈扇形分布于永定河西岸的冲积平原上，地势西高东低，西部为山坡地，东部为平原地，紧邻京门铁路（图 6-1）。

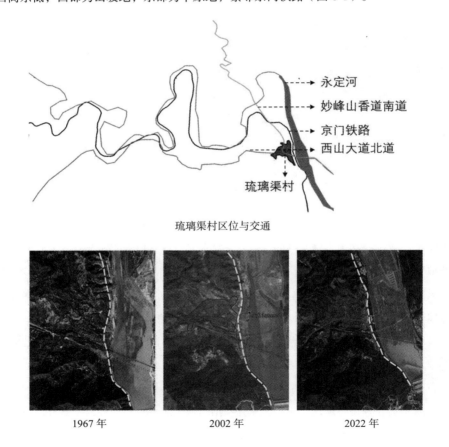

图 6-1　琉璃渠村区位与交通
（来源：引自 USGS Earth Explorer 和 Google Earth）

6.1.2 公共空间演化历程

古道时期是村落形成与公共空间繁荣发展的阶段。根据明代《宛署杂记（卷五）·街道》所记述，"县之正西有二道……西有浑河，三家店过浑河板桥正西约二里许曰琉璃局"，出阜成门向西，经八里庄向西北，过永定河即是琉璃渠村，其位于西山大道旁侧。此外，也可推断，先有琉璃窑烧制，再有路，后生成村。

由于古道之上来往人很多，人们就在此开设客店，形成琉璃渠商业街，为过往商旅服务，逐渐发展形成村落。商业街的便利与繁荣，以及万缘同善茶棚的设置，妙峰山香道改道从村落经过，都促进了村落的发展，为村落增添了活力。当时村落的公共空间有琉璃渠商业街、琉璃厂、过街楼、龙王庙、五道庙、关帝庙、三教庵、白衣庵、山神庙、古戏台、老君堂、万缘同善茶棚。

而后，随着铁路的通行，古道没落，商业街的商铺逐渐关停，多数寺庙也被摧毁、荒废或另作他用。其中，万缘同善茶棚、过街楼、关帝庙保存下来；五道庙、三教庵、白衣庵、山神庙、古戏台都被摧毁，而后改为民居，老君堂变为废墟；龙王庙曾在1914年作为琉璃渠村国民小学，关帝庙在1949年之后曾作为小学、生产队的大队部、村委会的办公室及九龙山娘娘庙的办公场所。在此期间新建设了北京振兴瓦厂和北京古建瓦厂两个工厂。此时村落的公共空间有村委会、学校、茶棚、过街楼、琉璃瓦厂等公共空间。

近20年来，琉璃渠村开始进行以琉璃文化为主线，以商道古街为切入点，以香道茶棚为补充的规划设计[1]，来丰富村落公共空间，发展旅游，宣扬和传承传统文化。因此，一方面，对历史建筑进行更新和再利用。例如修复琉璃厂商宅院、万缘同善茶棚、过街楼，以及一些具有代表性的四合院建筑。比如位于村中部59号的邓家大院为三进院落、四合院格局，为村落保存较好的四合院落，电影《刘巧儿后传》便是在此拍摄的。整顿琉璃渠商业街，临街统一刷成灰色调，在街前高台空间中增加木座椅。商业街的昔日繁荣虽然不再，但沿线仍有多家超市、便利店。另一方面，规划新增多类公共空间。例如建设休闲类公共空间，包括入村小公园、"九龙壁"前广场、两个健身广场、一个大型停车场；

---

[1] 王宇倩. 琉璃渠村琉璃烧造工艺与其建筑环境的保护与利用研究[D]. 西安：西安建筑科技大学，2018.

将北京振兴瓦厂建设成如今的村委会；在村口建设琉璃牌坊和本村烧制的代表作品"九龙壁"，作为琉璃文化的标志性建筑；开发了白果生态园、樱桃园、丑儿岭观光园三个观光园区；为了提升村落公共空间的服务品质，建设了养老服务中心、棋牌室、便民服务站、公厕、直饮水站等空间（图6-2）。

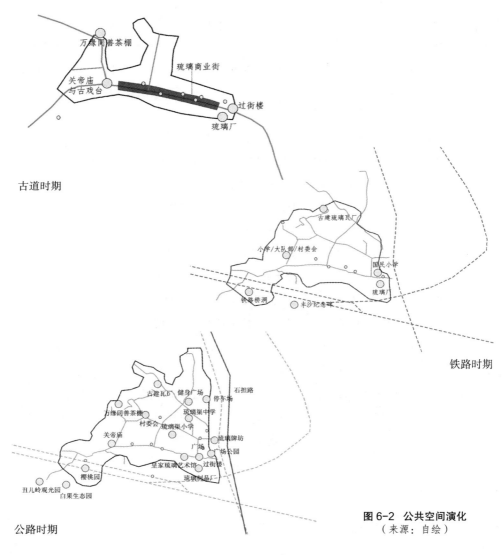

图 6-2 公共空间演化
（来源：自绘）

6.1.3 公共空间的类型解析

1. 琉璃渠商业街

由于西山大道的煤炭货物运输来往频繁，路途上吃饭、住宿、马车停放、牲口钉掌、物品购买等需求旺盛，促进了商业的发展，逐渐形成商铺林立、百货俱全的琉璃渠商业街。综合既有的文献资料，可知商业街两侧曾经为一家挨着一家的商家店铺，共有40余家。就供应能力而言，远远超过本村百十户的村民。可以说，其绝大多数是为过往行旅香客而服务的。旧时商业街空间形态曲折变化，多是自发形成的，街巷边建筑旁有多棵古树，来往旅客和村民经常在树下乘凉休憩。商业街的店铺形式为前店后宅，即临街一面的房子多为商铺门面。比如邓家大院为三进院落、四合院格局，是规模最大、保存最好的店铺院落，前店为邓油铺。

如今此条街仍是村落主街，名为前街。街巷为发展旅游进行了统一规整，街巷路面为石灰路，街巷两侧有高台空间，约1.5 m宽，高台外侧建有高70 cm、宽30 cm的石台长廊，高台上间断设置有木座椅和大槐树，形成街巷+高台+建筑的街巷格局，使得街巷较为规整。此条街巷仍是村落主要的商业街，建筑多已得到不同程度的翻新。目前有8家店铺，包括超市、便利店、面馆、快递站等，满足村内人的商业需求。多半建筑重新修整，成为民居，建筑的形式发生变化，临街的店铺消失，变为配房+院门楼的形式；有少数建筑仍保存较好，原有店铺形式也得以保存，但不再开放，呈关闭的状态。街巷原有的过街楼、琉璃厂商宅院、关帝庙仍保存较好（图6-3、表6-1）。

图6-3 商业街古今对比
（来源：自绘）

表 6-1　商业街建筑形式对比

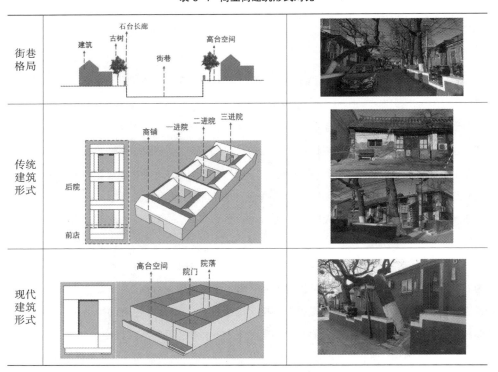

2. 公共建筑

村落中现存的承担公共活动的建筑有过街楼、关帝庙、万缘同善茶棚、琉璃厂商宅院。其中,过街楼位于琉璃渠主前街东边入口处,是清乾隆二十一年(公元 1756 年)由琉璃窑窑主赵邦庆提议,村内众多商号捐资,修建而成的。过街楼的建筑形式未发生变化,变化的是其所承担的功能。

在古时,过街楼承担着琉璃展示、村落防御、信仰祈福三大功能。其一,它在门洞东西额、栏墙和屋顶均使用琉璃材质,金碧辉煌,是实实在在的琉璃成品,向过往商人展示着高超的琉璃烧制工艺,逐渐成为琉璃渠村标志性建筑,无形中起着广告招牌的作用;其二,它建于西山大道北道之上,琉璃渠入村之处,为城台式建筑,起着"城门"的作用;其三,过街楼上供奉着文昌和三官,文昌是读书人所崇拜的神,三官为天官、地官和水官,满足村落经商者、村民、过往商人们祈盼国泰民安、财运亨通、逢凶化吉的信仰需求。

如今，过街楼是北京市级文物保护单位，也是北京市现存过街楼中建筑最精良、保存最好和最具代表性的一座过街楼（图6-4）。因此其主要的功能是作为村落的琉璃文化的标志，向游客展示古代先人的聪慧和琉璃烧制的技艺，传承琉璃文化。

关帝庙位于琉璃渠主前街西端，是西山大道的必经之处。建造于清代，是标准的四合院，据说也是赵家人所建。关帝庙的对面为戏台，形成庙宇—广场—戏台的组团公共空间。其所供奉的关公是百姓心中的神，可满足村民和商旅客人求雨、消灾除害、发财致富、家庭和睦等的信仰

图6-4　琉璃渠村三官阁过街楼现状
（来源：自摄）

需求。据史料记载，关帝庙平时不关大门，村民和旅客可随时到庙内祭拜，并且在关公生日或祭日之时，还会组织祭奠关公的活动，借以宣传传统交通时期的伦理观念，规范人们的道德与行为。次日还会邀请戏班唱戏，五虎少林会也会进行表演。

关帝庙的南北厢房，旧时曾是西山大路各方商旅及桥道会的议事之所，同时也是九龙山庙会琉璃渠水茶老会、桌子会及掸尘会的办事之地，村里各档香会的下会之处。原来这里有对联一副："同道皆兄弟，对榻休主宾"，各路人马在此办公、议事，有"关帝爷在此保我一方平安康泰"之意。

目前，关帝庙对面的古戏台已经变成健身广场，形成"庙宇—广场"双重职能的公共空间组团。昔日的庙会等一系列活动也不再举办，主要承担村落旅游观赏的功能（图6-5、图6-6）。

万缘同善茶棚位于琉璃渠村后街香道北侧，为去妙峰山进香客人歇息而建。此地原为琉璃窑商赵姓家庙（又称"观音院"），清乾隆年间，为进香新修南道，为吸引香客们改走此路，专门在家庙中修建茶棚，并添设车马院。清光绪年间再度重修，香客可将

155

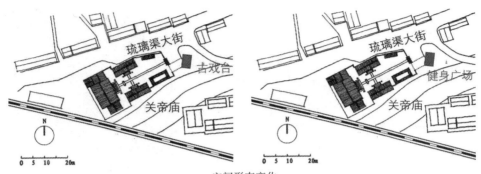

空间形态变化

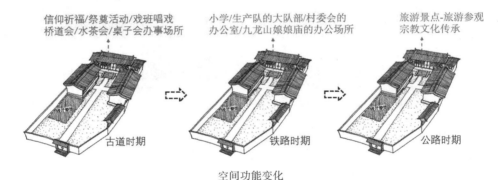

空间功能变化

图 6-5 关帝庙空间
(来源：底图引自《北京门头沟区琉璃渠传统村落研究》，改绘)

图 6-6 琉璃渠村关帝庙现状
(来源：自摄)

6 村落案例解析

车马停放于此处,换乘轿子"朝顶"。[1]

此茶棚坐东北朝西南,背靠山脉,主体建筑为长条形四合院,旁边为车马大院,主要供车马停放。旧时的建筑面积和附属服务设施占地共达 7000 m² 以上。如今茶棚旁的牛马大院已经被摧毁,只剩下茶棚主院落。这里是门头沟区级文物保护单位,也是村落旅游发展的重要景点之一,是研究琉璃烧制业极其珍贵的实物遗存,也是研究妙峰山香会不可或缺的组成部分(图 6-7、图 6-8)。1999 年 4 月,时任联合国秘书长安南的夫人和德国驻华使馆人员在去往妙峰山游览时,曾到访茶棚。[2]

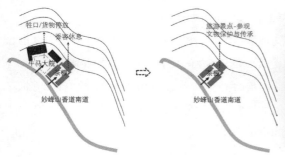

图 6-7 茶棚空间变化
(来源:自绘)

图 6-8 琉璃渠村茶棚现状
(来源:自摄)

琉璃厂商宅院(乡情村史馆)位于村内主街南侧,距离过街楼不到 100 m,为二进院,各建筑之间以游廊相连(图 6-9)。原为清工部琉璃窑厂的办公场所,也是琉璃窑主赵氏的宅院。中华人民共和国成立后,其一直是北京琉璃制厂的办公及家用场所。如今,琉璃厂商宅院为门头沟区级

图 6-9 琉璃厂商宅院
(来源:自摄)

---

[1] 门头沟区文化文物局. 门头沟文物志[M]. 北京:北京燕山出版社,2001:145-146.
[2] 蓝龙. 万缘同善茶棚[N/OL]. 京西时报,2014-09-17(A7). http://bjmtgnews.com/paper/news.php?id=1785.

文物保护单位，经修复改善后作为琉璃渠乡情村史展览馆，而后更名为皇家琉璃艺术馆，向世人宣讲琉璃工艺和发展历史，弘扬和展示皇家琉璃艺术的精髓。它已经由私人宅院转变为承担文化生活的公共场所。

6.1.4 广场空间的变化

传统交通时期，琉璃渠村的核心广场空间以关帝庙、过街楼和万缘同善茶棚的前广场为主，此外还有街巷的交叉口空间、古树下空间，以及水井和石磨组成的节点空间。这些空间节点，都位于村落内部，引导着村落空间格局的形成与发展。

如今，村落新建设有"九龙壁"文化墙前广场、村落入口公园广场、村落东北边缘的健身广场与停车场等大型广场空间，旧时的广场空间及节点空间多被保留下来，新建筑区域也增加了多个街巷交叉口空间。村落的主体广场空间的区位由村落内部变为村落边缘，边缘化特征较为明显。广场空间的规模与尺度变大，并且形态也发生了变化。传统交通时期多是由建筑围合而成的，如今多是在村落边缘空地上进行规划设计的，无明显的建筑围合与自然形成之态（表6-2）。

表 6-2 广场空间变化

传统村落多以商道、香道、琉璃厂及寺庙为载体,进行香会、庙会的相关公共活动,如在妙峰山香会期间,或在祭拜关帝庙等庙宇时,村里会请戏班唱戏,还有五虎少林会、太平鼓文场、霸王鞭、大秧歌等的表演,茶棚的施粥活动等。其中五虎少林会最有名,这是一个民间体育组织,在庆祝宣传、年节时进行走街表演,很受群众的欢迎。村民的日常生活多以古树、街角、家门口、水井旁等小型空间节点为载体,进行日常交往、闲聊、休憩。

如今,村落发展旅游和宣传琉璃文化,经常会有游客慕名而来,参观琉璃渠村的过街楼、万缘同善茶棚、皇家琉璃艺术馆等场所。村落也会接待不同的游客组织进行参观,了解琉璃文化,如国外友人、国内各省事业单位或公司,也有高校教师与学生团队进行村落调研实习,了解村落历史、琉璃文化及空间格局。现在每逢过年过节或妙峰山香会,都会有五虎少林会的武术表演,都会有来自全国各地的人及外国友人来村落观看表演,形成了独具特色的传统文化。村里增加了健身广场、村口公园等空间,村民们可进行锻炼、闲聊、休憩等活动,日常生活空间更加丰富。

6.2 滨水沿道的东石古岩村

水系与交通廊道对村落空间的影响是多方面的,每个村落所处的自然环境和地理区位不同,在空间营造上存在一些差异。东石古岩村依西山大道而起,滨水选址、沿道立村,兴于明、盛于清。借由古道的来往商队,商贸文化在这里落地生根,推动东石古岩村不断发展。

6.2.1 村落概况

东石古岩村隶属于门头沟区王平镇,位于永定河中下游南岸。村落北面有石灰岩山,又被称为"对过岩",南靠九龙山北麓。整个村落顺应山势,形成依山傍水的传统村落格局,该村已经被列入第四批中国传统村落名单。

东石古岩村最晚于明代成村。明代《宛署杂记》记载:"西有浑河,三家店过浑河板桥正西约二里许曰琉璃局，又五里曰务里村……又五里曰石骨崖，又八里曰王平村。"[1] 今天的石古岩其实就是石骨崖的谐音（图6-10），因该村与西边的西石古岩村隔山相对，所以这里被称作东石古岩村。村中百姓以张姓为主，根据村民口述，从大台地区迁徙而来的张华、张荣两兄弟是最早在此定居的张姓祖先。两兄弟充分利用村落的环境优势，一方面在村南的山坡上，开垦农田，种植粮食；另一方面则是利用村中的石佛岭古商道，为往来于古道上的客商马队提供住宿和饮食，村落依靠经商渐渐发展起来，是京西古道上十分有名的驿站。

图 6-10　永定河与石骨崖
（来源：根据《永定河源流全图》改绘）

6.2.2　石佛岭古道与村落空间布局

东石古岩村是典型的线状格局村落，因受到周边山地的影响，村庄建设空间较为有限，主要是顺应石佛岭古道由东向西发展。东石古岩村按照建设年代可以分为新村和老村两大部分，新村坐落于村落西北侧的山坡上，地势平坦，布局规整，整体呈鱼骨状分布。老村部分从村东的洞口开始，一直延伸至旧村委会。根据村民描述，老村主要分为下店、南院、北院三个片区（图6-11）。

---

[1] 北京门头沟村落文化志编委会. 北京门头沟村落文化志[M]. 北京：北京燕山出版社，2008.

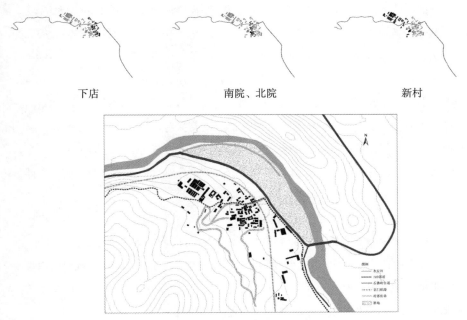

图 6-11 东石古岩村空间格局演变
（来源：自绘）

其中，下店是形成年代最早的片区，"下"是指位于山坡以下，而"店"就是指开店。过去，东石古岩村主要作为驿站而存在，人们沿石佛岭古道两侧开设了许多骡马店，随着商业的不断发展，当地人民在积累了一定财富后便盖起了南院和北院两座院落，至此村落便在下店、南院和北院的基础上向外延伸。可以看出，古道与当地的村落建设有着十分密切的关系。道路所带来的商业机遇，不仅提高了当地人民的经济收入，而且还化身为内在动力，推动村落持续沿古道生长。

6.2.3 京门铁路对日常生活的影响

古道是促进东石古岩村发展的最根本因素，但在过去，真正往来于古道上的人多是各地的客商，百姓的出行其实仍受到很大的限制。所以村落一切的生活资料均靠自给自足，或是与周边村落进行交换。东石古岩村建造房屋所使用的白灰、砖瓦、木头等材料，都取自村外的山坡，人们利用当地特有的石灰石烧制白灰和青砖，直到20世纪80年代，东石古岩村还在依靠这种烧制技术生产原材料。根据村民介绍，东石古岩村上游的北岭地区，过去主要烧制家中使用的各种陶器，如碗、盆等，相距较近的几个村落会拿自己生产的物品进行交换，实现了小范围内的物品流通。

这种条件十分有限的生活状况在京门铁路开通后，得到了极大的改善。起初京门铁路的列车从西直门开出时多数是空载的，其目的就是到大台矿区拉煤矿。渐渐地，列车也开始向山区输送一些货物，包括木材、钢材、日用品等。后来京门铁路还开通了客车，人们乘坐火车到达三家店、丰台、西直门、永定门等站，然后进入北京城。还有一部分人是大台矿区的工人，他们每日乘坐火车前往矿区工作。

在东石古岩村，人们多是前往韭园站乘坐火车，该站服务于周边8个村落，包括韭园村、桥耳涧村、西落坡村、东落坡村、南港村、西马各庄村、东马各庄村和东石古岩村（图6-12）。京门铁路的开通，既方便了两地物资的高效运输，也解决了当地百姓出行困难的问题，后来由于109国道的开通及各地煤矿的关停，京门铁路在交通运输上可发挥的作用越来越弱，所以京门铁路已经在2019年全线停运。

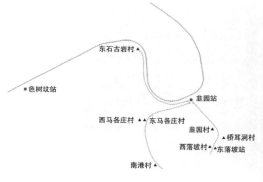

图6-12 东石古岩村周边车站与铁路空间
（来源：自摄、自绘）

6.2.4 水环境营建

东石古岩村坐落于永定河南侧凸岸的山坡上，村口距离永定河大约140 m，两者之间的高差约为14 m。村落整体西高东低，建筑沿等高线逐级布置，其内部高差约为35 m。从东石古岩村的选址可以看出，早期村落与永定河之间的空间关系主要表现为"居高"和"远离"，村落在充分利用永定河堆积作用所形成土地的条件下，尽可能地远离河水，以免受到洪水侵袭。这种关系同样也体现在农田种植上，从理想状态看，永定河两侧的河滩地势平坦且便于灌溉，应该是非常合适的集中耕地。但是，东石古岩村早期的耕地均分布于村落西南侧的山坡上，这主要是因为该地区河流急转，从上游倾泻而下的河水会直接将河滩两侧的农田冲毁。直到永定河上游修建水库后，通过截流、调节等水利方法，永定河河水才得到了很好的控制，村中便将河滩地开垦为农田，并利用永定河引水渠进行自流灌溉。当下的东石古岩村主要是在河滩地进行集中耕种，而早期山坡上的梯田已大部分实现了退耕还林。由此可见，永定河不同的水流状态直接影响了村落与河流之间的空间关系，随着工程技术的发展，水资源以及土地资源的可利用性逐渐提高。

东石古岩村虽临近永定河，但村落在生活用水和灌溉用水上也曾存在困难。东石古岩村在开通自来水之前，每逢缺水时期都要依靠上游水电站送水，水电站按照一定的时间安排将水车停在村落涵洞外，村民便携带工具前来提水，各家各户将水储存于家中水缸。后来村落在政府的支持下开凿了机井，实现了自来水通水，摆脱了村落吃水困难的窘境。至于农田灌溉，在20世纪50年代末，村民为了改变靠天吃饭的被动生产模式，大兴水利建设，通过机械抽水和修建引水渡槽的方式来引流永定河河水，灌溉村落南侧山坡上的田地。后来，上游落坡岭地区建成水库，永定河在截流调控的作用下经常处于断流状态，为了满足灌溉用水，人们从落坡岭水库引流出一条灌溉渠，途经王平村、河北村、色树坟村、东石古岩村、韭园村等地，最终到达妙峰山地区，为落坡岭下游村落的用水提供了极大便利（图6-13）。

东石古岩村在排水上主要是通过村中街巷和涵洞，利用自然地势高差将水排至永定河中。同时，村落在主街巷南侧修建了一条排水沟渠，该沟渠西高东低，将村落西侧的山坡和永定河衔接在一起，当发生强降雨时，沟渠可及时排泄山中雨水，以免村落受到山洪影响，体现了村落在防洪层面的营建智慧。该沟渠上还搭建一石拱桥，是村落由北院通向南院的必经之路,该小桥由当地的石块堆砌而成,至今仍在使用中(图6-14)。

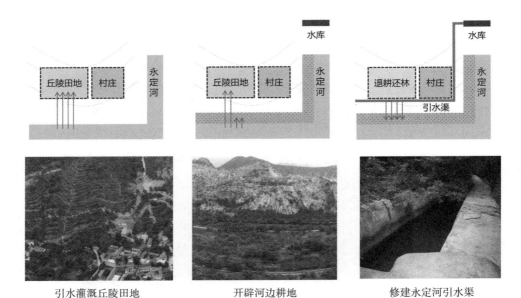

图 6-13 东石古岩村空间格局演变
(来源:自绘)

图 6-14 东石古岩村排水系统
(来源:自摄、自绘)

6.3 王平镇村落集群的文化记忆

东石古岩村作为王平镇域内的典型案例,与其他村落共同建构了地域文化空间。王平镇村落群的记录可见于历史文献、当代图档、居民访谈、新闻媒体等媒介中,通过整理上述内容,从地理环境、道路相连、产业沿革和主体认知等方面进行分类和叠加分析,形成文化记忆的体系。

6.3.1 地理环境与村落聚集

根据海拔和地貌,京西地区又可分为浅山地区和深山地区。王平镇恰好是深山区与浅山区的过渡地带,在地形地貌和空间形态方面更具丰富性,对外交通和居民的生活方式亦具有更多可能性。根据《北京城市总体规划(2016年—2035年)》和《门头沟分区规划(2017年—2035年)》,京西浅山地区要加强生态涵养,推进建成区和待发展地区的体系化,此外还要关注深山地区的生态保育与矿山修复(图6-15)。

王平镇村落类型丰富,包括主路枢纽(王平口)和主路中途(包括东、西王平村,韭园村,东、西落坡村,色树坟村等)两大类[1]。王平古道属于西山大路北道的一段,东接三家店村,北侧以多条支路和永定河相连,西端过王平口向西北可达军响和斋堂村,中部将琉璃渠村、桥耳涧村、韭园村、色树坟村等地相串联[2](图6-16)。

山地环境中的乡村建成遗产,在过去数百年中,一直通过古道和外界相连。在古道沿线,形成了诸多村落。例如韭园村行政村,位于王平镇东南部,现由四个自然村组成,包括韭园村、东落坡村、西落坡村和桥耳涧村。本地村民历史上以种韭菜而闻名,故而以"韭园"命名。前文所述牛角岭关城就在韭园村东,现存清乾隆四十二年石碑,记述了王平口巡检司官员奏请朝廷以免去王平口、齐家庄、石港口三司夫役,反映了京西古道沿途运输工作的艰辛,以及驿道沿途的繁忙[3]。

---

[1] 陆严冰.基于历史文化环境研究建立京西古村落体系[J].北京规划建设,2014(1):72-79.
[2] 郭佳,潘明率.京西王平古道历史考证研究[J].建筑与文化,2017(1):70-72.
[3] 鹿璐.古道西风余韵藏 蹄窝深深道沧桑——寻访京西古道[J].北京档案,2019(11):51-53.

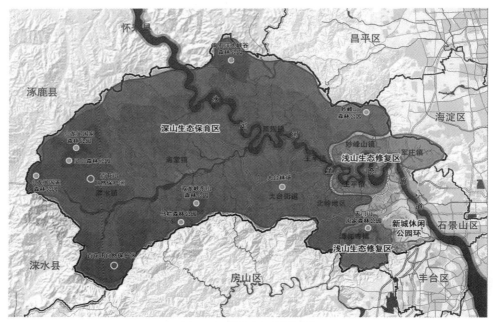

图 6-15 绿色空间结构规划
(来源：引自《门头沟分区规划（2017年—2035年）》)

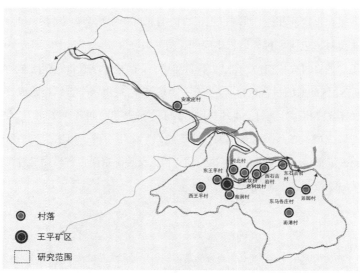

图 6-16 王平镇域村落分布
(来源：邓璟绘)

6 村落案例解析

永定河流经村落北侧和东侧，形成了"凸岸"，村庄便在水岸南端渐成规模。京西古道沿着永定河绵延布局，连接京城、西郊山区和河北、内蒙古、山西各地。在京门铁路修建之前，京西古道从东石古岩村横穿而过，促进了经济繁荣。直到 20 世纪 20 年代，村北与水道之间建成了京门铁路，改变了村落和水道、驿路之间的关系，也促使了产业变化。

6.3.2 产业沿革

从农业时代到工业时代，王平镇经历了耕地减少、建设用地增多的土地利用变化。王平煤矿位于门头沟区王平镇中部，属于京西矿区，是北京年产逾百万吨的大型煤矿。1958 年，王平煤矿建设投产，对生产系统和地面工作、生活设施进行了补建完善。隶属于京西矿务局（现京煤集团）。1970 年起，发展多种经营，先后建成年产 5000 吨的水泥厂、年产 2000 万块的矸石砖厂、九龙服装厂、绣花厂等。20 世纪 90 年代，矿区建筑面积增至约 16.5 万平方米，厂房总面积达到 2.48 万平方米，包括生产设备 2840 台、职工 5580 人，设有食堂、医院、商店、图书馆、职工学校等设施。1994 年，王平煤矿开始停产关闭（图 6-17）。

王平煤矿作为"京西八大煤矿"之一，曾是本地和外来矿工的主要工作场所，为 5000 余户工人提供了必要的生活空间[1]。东王平村也因此成为公共服务设施最为齐备的村落。然而，王平煤矿于 1994 年关闭后，王平镇的经济逐渐凋敝，新产业的缺失导致空间闲置、人口外流。

从工业时期到后工业时期，镇域的煤矿开采业衰败（图 6-18），区域开始重视生态修复工程。一方面，王平镇的建设用地在扩张，以满足人口的发展需求；另一方面，一部分建设用地又转变为耕地，体现了镇域产业重心从工业转向农业的变化。

王平镇为传统矿业居民与工农群众混合聚居，历史上曾有 17 座镇或村办煤矿，5 个大型采石场，吸纳了镇域内大部分劳动力。如今，在门头沟区生态涵养发展区功能定位

---

[1] 李佳露.王平煤矿废墟：时代遗落处，以煤为怀[OL].激流网，2019-01-02.http://jiliuwang.net/archives/79204.

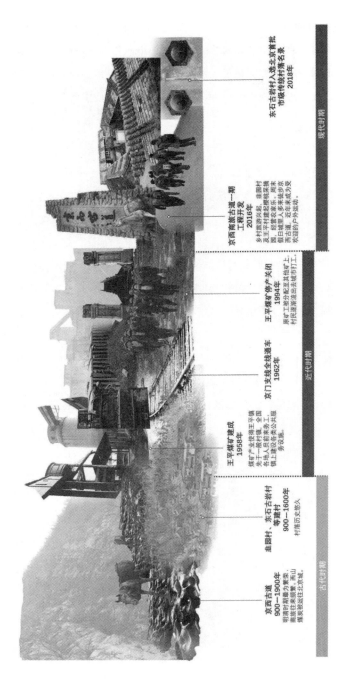

图6-17　王平矿区的发展沿革
（来源：邓璟绘）

的背景下，王平镇大小煤矿、采石场相继关停，而留下来的是裸露的山体、塌陷的土地和断流的泉水的环境。农村经济也面临着"大量矿工失业，主导产业空白，经济停滞不前"的局面。此外，由于生态保育的要求，镇域的建设用地日趋紧张。

目前，镇域内的公共服务设施以东王平村为核心分布（图6-19）。东王平村及色树坟村是王平镇的生活服务中心，承担了绝大部分的商业、教学和医疗服务功能。而东石古岩村距离其他村落相对较远，虽然历史上也是古道上的重要节点，但是如今发展相对滞缓，缺少商业服务设施。韭园村则具有更显著的区位优势，文旅资源丰富，包括京西十八潭、王平湿地风景区、韭园溶洞、王平古道、九龙泉、王平煤矿、西玄山桃花谷等十八处。

图 6-18　搬迁之后的矿区
（来源：自摄）

图 6-19　旅游资源分布
（来源：邓璟绘）

6.3.3 主体类型与认知

主体可以分为本地村民、外来人员、行政管理人员，分别体现镇域村落更新发展的不同诉求。通过建立起以多元主体为考量维度的文化记忆认知体系，进行相关的数据挖掘及分析，再综合分析结果，以得到较为综合和客观的村落建成遗产评价。

选取调研中的访谈录音、网络社交媒体相关内容、相关规划文本作为数据来源，运用词频分析、加权评价、数据可视化等方法进行解读。其中，村民访谈包括东石古岩村、西王平村、韭园村；网络社交媒体平台选取了微博、抖音、大众点评、高德地图、百度知道，体现了外来人员对王平镇的各旅游景点的评价、打卡分享情况，此外还包括部分博客与新闻报道内容，对镇域现有景点的开发情况、潜在开发力、综合影响力有不同程度的反映；规划文本代表了行政体系对镇域发展的综合评判，是自上而下的总体规划目标与发展策略的体现（表6-3）。

结果显示，国家补贴、集体活动是村民的幸福感主要来源之一。代表对象为其反复提到的国家、大队、村委会、集体等词语；其次是关乎其日常生活的地点，如王平镇政府、王平村、色树坟村等；对于外界，村民则频繁提到京西古道、马蹄窝、永定河等景点。

表6-3 社交媒体数据分析

序号	景点名称	大众点评评价条数	高德地图评价条数	网页新闻条数	微博条数	抖音视频播放赞数
1	京西十八潭	738	857	388	692	2701
2	清凉界风景区	8	0	109	0	11
3	王平湿地	43	34	165	65	16
4	韭园大溶洞	0	0	162	22	9
5	京西古道之王平古道	0	0	442	304	2050
6	安家庄葡萄采摘园	0	0	78	2	10
7	河北村鸿兴园	0	0	3	0	0
8	西马各庄特色果品基地	0	0	19	0	0
9	韭园生态观光园	0	0	37	0	0
10	武定石刻	0	0	35	35	0
11	马家壁画	0	0	9	0	0
12	牛角岭关城	0	0	392	101	5
13	西玄山桃花谷	0	0	8	1	0
14	三义庙	0	0	66	1	0
15	马致远故居	74	87	712	348	211
16	九龙泉	0	0	46	1	0
17	王平煤矿	0	0	175	115	46443
18	古石岩摩崖石刻	0	0	152	0	0
	依托型景点					
	提升型景点					
	重点开发型景点					

来源：邓璟整理绘制

6 村落案例解析

京西十八潭为依托型景点，该景点已有较好的开发基础和稳定的旅游客流量，是王平镇地区乡村旅游的领头景点。王平湿地、马致远故居为提升型景点，分别分布在东王平村附近和西落坡村，已有一定的开发度和知名度，但景点质量不够高，应在已有开发基础上提升景点质量，结合其他景点，打造活动多样、层次丰富的旅游产品。

王平古道、牛角岭关城、王平煤矿为重点开发型景点，分别分布在东石古岩村、韭园村、桥耳涧村和东王平村附近。在民间具有较强的旅游吸引力，应在保护生态环境的前提下妥善开发，将其打造成该片区乡村旅游的主打精品景点。

从《北京城市总体规划》《门头沟分区规划》《王平镇土地利用总体规划》中摘取与王平镇相关的文字，分别进行词汇频数统计。根据对王平镇发展的指导相关性分别赋权重为0.2、0.3 和 0.5，用频数和权重相乘得到关键词得分，得到并选出重要关键词，可作为发展策略的重要参考（表6-4）。

表 6-4　规划文本分析

	北京城市总体规划（权重0.2）		门头沟区分区规划（权重0.3）		王平镇土地利用总体规划（权重0.5）	
	单词	数量	单词	数量	单词	数量
3	建设	44	文化	60	建设	65
4	生态	37	建设	36	用地	53
5	文化	25	旅游	35	土地	36
6	旅游	24	发展	35	生态	34
7	地区	24	生态	33	公顷	33
8	保护	22	服务	26	王平	29
9	加强	19	养老	24	发展	26
10	休闲	18	特色	19	区内	23
11	乡村	17	资源	17	保护	15
12	产业	15	打造	16	城乡建设	14
13	历史	14	产业	15	旅游	14
14	山区	13	空间	15	工矿	13
15	集体	11	京西	13	资源	12
16	文化景观	11	绿色	12	进行	12
17	特色	11	山区	12	治理	12
18	功能	10	古道	12	规模	12
19	资源	10	融合	11	总面积	12
20	完善	9	休闲	11	修复	11
21	重点	9	永定河	10	城镇	11
22	城乡	9	体验	10	辖区	11
23	首都	8	建筑	10	增加	10
24	修复	8	保护	10	林地	10
25	服务	8	公共	10	废弃	10
26	提升	7	游憩	10	全镇	10
27	永定河	7	重点	10	产业	9
28	文化遗产	7	推动	10	永定河	9
29	北京	7	需求	9	环境	9
30	治理	7	服务设施	9	用途	9

来源：邓璟整理绘制

分析呈现出以生态和文化为重点，一方面，是对开采煤矿区域进行修复，在涵养生态的前提下积极追寻产业转型途径；另一方面，则是充分发掘京西地区丰富的历史文化资源，结合"西山永定河文化带"的建设，以乡村旅游为契机，传承永定河、京西古道、近代煤炭工业等文化。

6.3.4 文化记忆与空间建构

王平镇域特有的农商、煤矿、古道、崇祀日常文化记忆，在京西地区具有典型性。通过长时段的历史梳理和空间多点资源整合，在镇域和区域之间建立工业旅游景区、文化活动中心、产业赋能核心。以王平矿区为触媒点，带动王平村、韭园村、东石古岩村等村落，联结京西古道、湿地、生态观光园等景点，提升游客夜宿率，加入商贸服务、展览科教、农产品加工等功能。这既可以保护农业和工业时代的文化遗产，又能够为区域发展生态农业、文化旅游业奠定基础。

从文化记忆的视角对乡村建成遗产进行梳理，建构兼顾时间、空间、社会的多维框架，为身份认同和文化连续性的表达提供支撑。一方面，使得"乡愁"具有明确的物质载体；另一方面为功能复合的乡村空间的更新提供了依据和方法[1]。传统村落的社群主体是村民，然而由于城乡（或城郊）的不断融合，功能的复合叠加和媒介的传播，必然会带来不同类型记忆的交织和融合。如果说，过去的文化记忆侧重小尺度区域内的生活片断的整合，那么当代的遗产文化记忆则是多要素连接后的二次更迭。对于乡村建成遗产的文化记忆进行客观、真实的认知和评价，可以强化本地乡民的"依附感"，同时为地方记忆和城市记忆的沟通提供可能[2]。文化记忆对于空间实践有着重要意义，通过空间秩序为记忆的传播和传承提供物质载体，并激发建成环境的空间和社会活力。

---

[1] 吕龙，黄震方，陈晓艳. 文化记忆视角下乡村旅游地的文化研究进展及框架构建[J]. 人文地理，2018, 33（2）: 35-42.

[2] 汪芳，吕舟，张兵，等. 迁移中的记忆与乡愁：城乡记忆的演变机制和空间逻辑[J]. 地理研究，2017, 36（1）: 3-25.

7 多要素协同下的村落集群保护

传统村落的保护利用是一项系统工程，与既有的历史文化片区相比，更加强调"混合、复合、叠合、融合"的整体性策略。在实施层面，具有"五个维度"的反馈，包括：生态环境的保育、基础设施的更新、产业活力的激发、空间场所的重构、文化认同的延续。永定河天然具有流动性、延展性、生态韧性，将自然环境、文化内涵、村落本体联系在一起，形成完整的空间体系，在总体定位和风貌塑造的基础上，可促进每一个传统村落单元的保护与发展。

首先，从区域人口、公共服务设施及产业转型三个方面，梳理京西永定河流域的基本现状。然后，结合田野调查情况，提炼传统村落在保护发展过程中所面临的问题。最后，基于第二、三、四章的分析内容，将永定河流域的传统村落划分为不同层次和类型，形成传统村落空间结构体系，提出以整体性和差异性为原则的保护发展策略。

7.1 村落人居环境现状

从区域人口、公共服务设施、产业转型三个方面，梳理京西地区村居环境现状。人口是传统村落形成的内核，是一切村居生活的源头；公共服务设施保障村民日常生活，是加快城乡融合的重要路径；在地产业则是村落转型与重构的依托，为乡民在本地生活提供了平台依托。现状的进一步梳理有利于厘清保护与发展过程中问题的形成缘由，同时为可持续策略提供必要的保障。

7.1.1 人口情况

基于北京市 2010 年至 2019 年的区域统计年鉴，门头沟区的常住人口从 2010 年的

29.1 万人增加至 2019 年的 34.4 万人,且城镇人口逐年增加,所占人口比例从 2010 年的 85.6% 提升至 2019 年的 89.5%（图 7-1）。而乡村地区的常住人口呈现逐年下降趋势。数据显示,该地区乡村人口不断向城镇地区转移,并且两者之间的分异愈加显著。乡村人口的外流,一方面可以推动城市发展,提高农民的经济收入和文化水平;另一方面却限制了乡村地区的振兴,尤其给传统村落的保护发展工作带来许多困难。

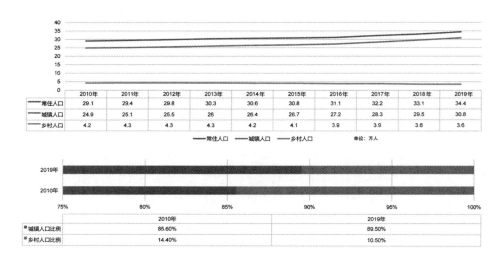

图 7-1　2010—2019 年门头沟区人口情况
（数据来源：《北京区域统计年鉴》（2010—2019 年））

同时,该区域还面临着人口老龄化的问题。根据门头沟区常住人口统计,65 岁及以上人口逐年增加,并且所占比例从 2010 年的 11% 上升至 2019 年的 14%（图 7-2）。结合实地调研可以发现,人口老龄化现象在乡村地区更加突出。一方面,京西地区的经济和产业发展较为落后,青壮年大多选择优先在城镇地区工作;另一方面,乡村地区的基础设施很不完善,尤其是中小学教育设施分布不均衡,学龄儿童只能去往邻近的镇或区中心接受教育。所以,乡村中的居住人口绝大多数是本地的老年人,还有一小部分是从城市返回乡村的退休职工。

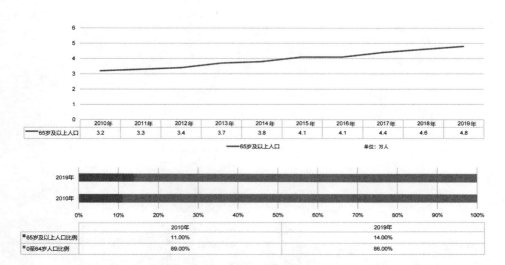

图 7-2 2010—2019 年门头沟区老龄人口情况
（数据来源：《北京区域统计年鉴》（2010—2019 年））

7.1.2 公共服务设施

　　完善的公共服务设施是满足人民日常生活的重要先行条件。2021 年中央一号文件也明确指出，要"提升农村基本公共服务水平。建立城乡公共资源均衡配置机制，强化农村基本公共服务供给县乡村统筹，逐步实现标准统一、制度并轨"。推动城乡公共服务设施均衡配置，是防止人口流失、加快城乡融合的重要路径。

　　通过网络地图工具，获取了门头沟区部分公共服务设施的空间数据，包括商业、餐饮、医疗等，并对这些数据进行核密度分析（图 7-3）。结果显示，这些公共服务设施分布十分不均，主要集中在永定河下游的城镇地区，以及军庄镇和潭柘寺镇。而其他区域的服务设施主要是沿 109 国道呈线状分布，并在王平镇、斋堂镇及各个景区周边形成小规模聚集。公共服务设施除了空间分布不均衡外，还存在质量较差、使用效率低等问题（图 7-4）。乡村公共服务设施不应该照搬城市做法，而应该因地制宜，推动精细化、品质化、特色化发展，在满足村民日常生活的同时，吸引城市居民下乡消费，实现城乡互动与融合。

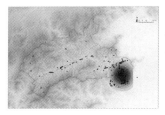 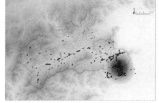 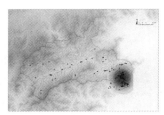

商业设施　　　　　　　餐饮设施　　　　　　　医疗设施

图 7-3　门头沟区公共服务设施分布情况
（来源：自绘）

公共服务设施质量较差、使用效率低

图 7-4　门头沟区公共服务设施
（来源：自摄）

7.1.3 在地产业

在 2000 年之前，门头沟区作为北京重要的煤矿产区，已形成煤炭、石灰、水泥三大产业支柱。后来，随着城市发展与功能定位的变化，门头沟区开始进行产业转型升级。到 2020 年，门头沟区已关停区域内所有煤矿，整体走绿色生态、特色旅游的发展道路，全面落实北京生态涵养区的城市功能定位。

门头沟区作为生态涵养区，首先要做好的就是生态修复工作，对长期以来落后产能造成的生态破坏进行综合治理，重新塑造绿水青山的自然风貌。比如通过制定一系列诸如《21 世纪初期（2001—2005 年）首都水资源可持续利用规划》《永定河绿色生态走廊建设规划》《永定河综合治理与生态修复总体方案》《北京市永定河综合治理与生态修复实施方案》等，对永定河开展水资源保护、环境整治、生态补水等工作，恢复永定河沿岸的自然生态环境。同时，从 2010 年至今，门头沟区一直在对废弃矿山做生态修复工作，通过改变矿山岩体，实现植被种植，提高了整体区域的林木绿化率（图 7-5）。

功能定位的转变，对京西地区的产业发展提出新的要求。从 2010 年至 2020 年门头沟区的地区生产总值来看，该区域的产业发展逐步向第三产业迈进，尤其是从 2015 年开始，门头沟区的第二产业与第三产业差距逐渐扩大，产业结构发生较大转变（图 7-6）。

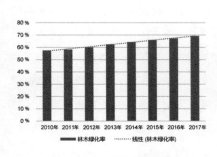

图 7-5　门头沟区生态治理情况
（来源：自绘）

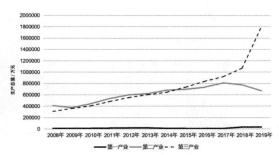

图 7-6　门头沟区产业结构
（来源：自绘）

7.2 保护利用中的现实问题

通过调查研究，发现目前存在三方面的问题，分别是村落价值认知片面单一、产业支撑力度不足、区域发展不平衡。借用城乡空间更新过程中的"全生命周期"理念，传统村落同样处于螺旋上升的演化过程（图7-7），在新的时空维度转向过程中，如何让村落群体进入焕发活力的新阶段，成为保护与发展工作亟须回应的议题。

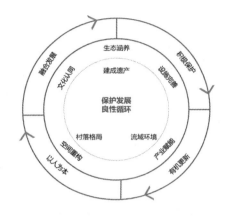

图7-7 传统村落保护发展"全生命周期"
（来源：自绘）

7.2.1 村落价值认知片面单一

当前关于京西传统村落的保护与发展，多以村落个体为单元，展开基础设施改造、历史建筑维修等工作。这种单一性和同质化的保护发展模式，主要是由传统村落价值认知不足导致的。

永定河流域的传统村落在空间分布上具有较强的集聚性，传统村落不是单独的个体，它与同一自然环境和文化背景下的村落有着空间上的联系，因此便产生了形色各异的传统村落群。有的是与永定河水系密切相关，有的是沿着京西古道形成和发展，还有的是在军事关口的基础上演化而来。所以，只针对村落个体进行保护，容易忽视掉其背后隐藏的文化内涵，造成传统村落的价值缺失。同时，价值认知的不足，使得传统村落在保护发展上出现同质化，这严重制约了村落的产业发展。传统村落应当把自己放置于流域背景下，正确认识村落特点和价值，与周边村落形成合力，走传统村落群的保护发展道路。

7.2.2 产业支撑力度不足

前文分析已指出，门头沟区经历了较大的产业结构调整，许多以往依靠煤矿而生的村落，失去了支柱产业。并且，现下乡村的人口老龄化现象严重，年轻人多外出工作，这使得村落发展新产业更是动力不足。

许多传统村落在编制保护发展规划时,都将旅游业作为首选产业。但是,发展旅游业需要综合考虑传统村落的区位条件、交通条件、资源特色、服务设施等内容,对于一些基础条件较差的村落来说,是无法支持旅游业长久发展的。同时,旅游业存在一定的不稳定性,容易受到季节、市场等因素的影响,限制了传统村落的旅游发展。所以,传统村落在产业发展上应当多项并举,或是多村联合发展。例如涧沟村,该村在传统高山玫瑰种植的基础上,继续发展玫瑰园观光、玫瑰副产品制作等,延伸了产业链,提高了农产品附加值,带来了良好的经济收益。同时,涧沟村充分利用妙峰山娘娘庙、平西情报联络站等资源,发展民俗旅游和红色文化教育,多种产业并行发展,相互促进,具有较强的稳定性。多村联合发展也将是京西传统村落未来的产业发展方向,整合村落之间的有限资源,实现"1+1 > 2"的效果,共同推动传统村落产业经济发展。

7.2.3 区域发展不平衡

从整个区域的基础设施分布可以看出,平原和山区之间存在较大差异,这使得山区村落在日常生活和产业发展上受到一定的限制。例如许多偏远乡村在生活资料的获取上,主要依靠"流动售卖车",商家按照一定的时间流动于多个村落之间,将村民所需的日常用品,通过流动货车的方式进行售卖(图7-8)。这种商业模式也实属无奈之举,山区村落整体分布较为离散,无法形成集中便利的服务设施。不过,这种非正式的商业活动空间,久而久之便形成了固定场所,一般是位于村口或村中开阔、人群聚集之处,成为当下传统村落中最为活跃的公共空间。

京西传统村落之间还存在发展失衡的现象。尤其是首批中国传统村落——琉璃渠村、

图 7-8 流动售卖车
(来源:自摄)

三家店村、爨底下村、黄岭西村、灵水村和苇子水村等，它们得益于地域特征鲜明的村落风貌、保存完整的空间格局、乡土民居建筑等优势，具有较高的历史文化价值，获得了社会的广泛关注，所以它们后续的保护工作，以及历史建筑的更新利用，都做得较为完善，村落也因此得到了较好发展。反观其他传统村落，它们在历史资源的保护与利用上都存在一定的欠缺，例如东石古岩村的历史建筑——南院和北院，目前仍处于破损状态，亟须进行修复。同时，传统村落的保护与发展不能单纯依靠复制成功案例，还需要深入挖掘村落的内在价值，确定区域特色，发挥资源优势。

7.3 保护利用的适应性策略

7.3.1 整体性与差异性原则

1. 整体性原则

传统村落是由多种要素组成的生命有机体，它不是简单的"老房子"，需要我们从整体出发，保护传统村落的山、水、人、文、物（图7-9）。

首先，山、水是永定河流域最为重要的环境基础，它们共同支撑起京西传统村落的空间格局。所以，传统村落的保护首先要处理好人与自然的关系，持续推进永定河流域的环境治理工作，构建起一个安全、稳定的生态格局，实现传统村落的可持续发展。

其次，当前关于传统村落的保护内容，大部分在于物

图7-9 整体性原则
（来源：自绘）

质空间,其保护的方法与标准多是依从"原真性"和"完整性"的遗产保护原则。其中,原真性对于传统村落的保护,尤其是民居建筑,并不是完全适配的。因为传统村落作为人类聚居的场所,一直处于动态的变化过程中。所以传统村落的物质空间要切合实际情况,在不破坏文化价值的基础上,实现空间的活化与再利用。同时,物质空间的保护一定要有文化内涵做支撑,对于永定河流域来说,传统村落需要把永定河文化内化于空间中,将无形的文化通过空间表达出来,实现空间与文化的双向互动,这样更有利于实现传统村落的价值延续。

最后,传统村落是一个活态发展的有机体,人是维持村落生长的重要环节,没有村民居住的传统村落只是堆叠物质遗产的"博物馆",无法真正展现传统村落的生活状态。所以,传统村落的保护发展工作要以村民为主体,一要尊重村民意愿,一切工作的开展需要结合实际情况,切忌凭空想象;二要建立完善的人才回流机制,包括支持退休人员返乡、吸引人才下乡,以此带动城乡人群的互动交流,激发村落活力;三要提高村民的保护与发展意识,增添村民参与保护与发展工作的途径。

2. 差异性原则

永定河流域传统村落在自然环境、空间格局、历史文化及现状条件等方面均存在差异。传统村落的保护与发展首先要形成区域差异性,例如永定河的上游、中游、下游,或是古道沿线、铁路沿线、关口沿线,不同的环境造就了不同的区域特色。其次,各区域内部要形成村落个体差异,虽然它们具有相似的环境背景,但村与村之间依旧存在个体差异,需要在区域特色的基础上再次细化。

7.3.2 构建传统村落集群空间体系

基于传统村落整体性与差异性的保护发展原则,综合京西地区的自然环境及社会人文要素,形成"一带三区三核心"的传统村落空间结构体系(图7-10),即以永定河、清水河为纽带,将永定河流域整体划分为三大区域,各区域形成以斋堂镇、王平镇和门头沟新城为中心的核心点。

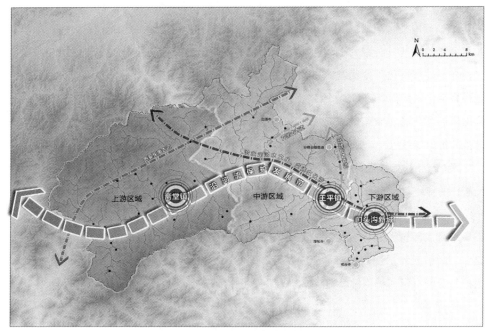

图 7-10 京西地区传统村落集群空间结构体系
（来源：自绘）

1. 上游区域

此处的上游是对京西地区永定河的再次划分，上游指从永定河进入北京地区，至清水河与永定河的交汇口，该段河流主要经过了清水镇和斋堂镇。上游地区以山地为主，整体村落以清水河和山间支流为骨架，形成了水村交织式的空间格局。同时，该区域是北京西部重要的军事防线，分布着大量明代军事防御设施，并且还是近代抗日战争的重要根据地，所以整体具有十分浓厚的军事文化和红色文化。

从传统村落的空间分布密度来看，上游地区村落主要集中在斋堂镇，并形成以东斋堂村、西斋堂村、黄岭西村、爨底下村、灵水村和马栏村为中心的核心区域。同时，从核心区域出发，向北沿青龙涧沟可到达京西军防要道——西奚古道，串联起以燕家台村为核心的军事文化带。整个上游区域形成以清水河为主的河流发展带、以斋堂镇为中心的传统村落集聚区、以西奚古道为核心的军事文化带。

永定河上游的传统村落，整体空间格局保存完好，其中有 8 个村落属于北京市级传统村落，包括黄岭西村、爨底下村、灵水村、马栏村、西胡林村、沿河城村、燕家台村和张家庄村，数量占据门头沟区北京市级传统村落的 57%，具有较高的历史文化价值（图 7-11）。上游因受清水河和山间支流的水文特征影响，形成了独具特色的山水田园风光，整个区域以发展旅游业为主，并依托黄岭西村、爨底下村、柏峪村形成爨柏景区，提高了斋堂镇传统村落的社会认知度，形成了较好的旅游产业基础。

但目前关于上游区域的保护发展工作仅仅针对村落个体，并未将清水河水系及军用古道网纳入整体保护体系中。所以，未来村落的发展工作应当从以下几个方面展开：一是明确深山生态保育的功能定位，修复清水河环境，加强水系的联动作用，构建以生态旅游为主导的京西特色旅游区；二是发挥中国传统村落的引导作用，继续完善以斋堂镇镇区（东斋堂村、西斋堂村）为中心的公共服务设施建设，一方面要补足短板，引导公共服务设施合理化布局、层级化布局，便利本地居民生活，另一方面要形成集餐饮、休憩、民宿等功能于一体的公共服务区，提升该区域的旅游品质；三要结合西奚军事古道，开辟户外运动线路，发掘军事文化与红色文化，活化沿途军事防御设施及军户村。

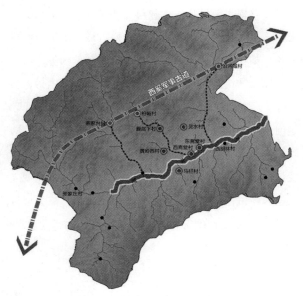

图 7-11 永定河上游区域传统村落集群空间结构
（来源：自绘）

2. 中游区域

中游是指从清水河与永定河的交汇口，至永定河出山口附近，该段河流主要经过了雁翅镇、王平镇、妙峰山镇、大台街道，以及部分昌平区流村镇西北部。中游地区村落主要集中在永定河沿岸的丘陵地带，形成以永定河干流为骨架的带状村落群。从传统村落的空间分布密度来看，中游地区村落主要集中在王平镇，形成以河北村、西石古岩村、东石古岩村和韭园村等地为中心的核心区域。同时，中游地区具有十分发达的道路交通网络，包括永定河沿岸的古渡口、以西山大路为主的古商道、以妙峰山娘娘庙和白瀑寺为终点的古香道，以及联系北京城区与木城涧煤矿的门斋铁路，这些均反映了永定河中游地区丰富的交通文化。

中游区域作为连接平原与深山区域的中间环节，须充分发挥自身的过渡作用，一是优化人居环境，合理分布区域内公共服务设施，提升人口承担能力；二是利用区域资源优势，释放文化发展潜力，促进中游地区与城镇的文化交流，激活城乡互动；三是推动本地产业积极转型，加快矿区的生态修复工作，发展创意文化、体育休闲等新型产业。

综合以上分析，根据传统村落集中体现的空间特色和文化特色，可将中游地区村落划分为三种类型，并提出差异化的保护与发展措施（图7-12）。一是以王平镇为中心的交通型传统村落，该类型村落须重点强化京西古道、永定河渡口和门斋铁路空间，并整合沿线历史资源，如车马店、商店、火车站、废弃矿场等，形成完整的交通文化廊道。同时可综合开发以交通线路为主的休闲旅游、户外运动项目，活化沿线村落空间。二是水文化型传统村落，以雁翅镇永定河沿岸村落为主。这些村落因受永定河水文特征的影响，均选址于永定河凸岸，形成独特的水—田—村—山空间格局，同时也是龙王庙的集中建设区域，反映出人与永定河的动态发展关系，体现了永定河流域的水文化内涵。该类型村落须继续发挥山水格局优势，结合生态景观发展集农耕、观光、体验、教育于一体的休闲农业。三是妙峰山古香道和芹淤古香道沿线村落，该类型村落须充分发挥民俗文化特色，加强对非物质文化遗产的保护，并结合香道沿线村落建设民俗文化展示与体验空间，增强城乡文化交流与城乡融合。

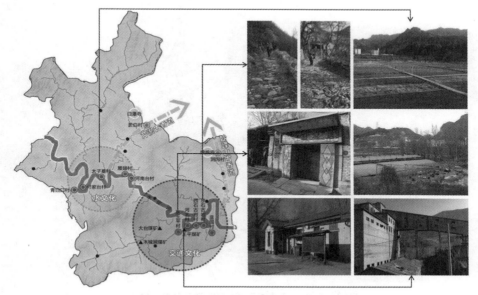

图 7-12　永定河中游区域传统村落集群空间结构
（来源：自绘）

3. 下游区域

下游是指从永定河出山后所经过的平原地区，包括龙泉镇、永定镇、军庄镇和石景山区的部分区域。永定河下游是京西传统村落分布最为密集的区域，平坦开阔的地形为传统村落的形成与发展提供了良好条件。正是这种优越的区位环境，使得下游村庄较快地发展为城镇，传统村落的空间格局已大部分消失，仅有琉璃渠村、三家店村、龙泉务村、军庄村等地还保留着较为完整的街巷格局和历史资源。同时，永定河下游是京西地区宗教建筑的集中区域，形成了以龙泉镇、潭柘寺、戒台寺为中心的宗教文化区，体现了永定河下游深厚的文化底蕴（图 7-13）。

在《门头沟分区规划（国土空间规划）（2017 年—2035 年）》中，已将龙泉镇、永定镇全域划分为门头沟新城。新城将以"行政办公、商务服务、科技创新、文旅体验为主导功能，完善城市综合服务功能，提升服务水平，加强与海淀山后、石景山首钢、丰台河西、房山长阳等地区的协同，建设首都西部独具生态特色的滨水美丽山城"。所以，未来永定河下游的发展将以新城为核心，形成综合服务城区。而传统村落和宗教建筑，可以作为门头沟新城的文旅体验空间，发展以传统文化和佛教文化为主的休闲文化产业。

图 7-13 永定河下游区域传统村落集群空间结构
（来源：自绘）

7.4 小结

  在综合分析的基础上，结合区域现状与现实问题，提出以整体性和差异性为原则的传统村落保护与发展策略。首先，京西地区是一个集自然属性和文化属性于一体的空间域，村落作为分布其中的要素之一，其保护发展须整体考虑山水环境，以及体现永定河文化的物质空间和人类活动。其次，村落与村落之间在具体的空间营造上存在区域差异性，所以村落在保护与发展的过程要"捋清家底"，切勿"复制粘贴"。

  根据《北京城市总体规划（2016年—2035年）》和《门头沟分区规划（国土空间规划）（2017年—2035年）》的要求，永定河流域要在资源整合的基础上，加强分区分类的保护与发展机制。以河流作为纽带，将永定河流域划分为上游、中游、下游三个区域，并结合传统村落的空间分布特征，确定各区域的保护与发展核心，形成"一带三区三核心"的传统村落空间结构体系。

附　录

A-1　北京市"中国传统村落"列表

序号	村落名称	所属区	所属乡镇	列入批次及年份
1	琉璃渠村	门头沟区	龙泉镇	1（2012年）
2	三家店村	门头沟区	龙泉镇	1（2012年）
3	爨底下村	门头沟区	斋堂镇	1（2012年）
4	黄岭西村	门头沟区	斋堂镇	1（2012年）
5	灵水村	门头沟区	斋堂镇	1（2012年）
6	苇子水村	门头沟区	雁翅镇	1（2012年）
7	马栏村	门头沟区	斋堂镇	2（2013年）
8	千军台村	门头沟区	大台街道	2（2013年）
9	碣石村	门头沟区	雁翅镇	3（2014年）
10	沿河城村	门头沟区	斋堂镇	3（2014年）
11	西胡林村	门头沟区	斋堂镇	4（2016年）
12	东石古岩村	门头沟区	王平镇	4（2016年）
13	水峪村	房山区	南窖乡	1（2012年）
14	南窖村	房山区	南窖乡	4（2016年）
15	宝水村	房山区	蒲洼乡	4（2016年）
16	黑龙关村	房山区	佛子庄乡	5（2019年）
17	吉家营村	密云区	新城子镇	2（2013年）
18	古北口村	密云区	古北口镇	3（2014年）
19	令公村	密云区	太师屯镇	4（2016年）
20	焦庄户村	顺义区	龙湾屯镇	1（2012年）
21	岔道村	延庆区	八达岭镇	1（2012年）
22	长峪城村	昌平区	流村镇	2（2013年）

A-2　北京市第一批市级传统村落

序号	村落名称	所属区	所属乡镇
1	爨底下村	门头沟区	斋堂镇
2	灵水村	门头沟区	斋堂镇
3	黄岭西村	门头沟区	斋堂镇
4	马栏村	门头沟区	斋堂镇
5	沿河城村	门头沟区	斋堂镇
6	西胡林村	门头沟区	斋堂镇
7	琉璃渠村	门头沟区	龙泉镇
8	三家店村	门头沟区	龙泉镇
9	碣石村	门头沟区	雁翅镇
10	苇子水村	门头沟区	雁翅镇
11	东石古岩村	门头沟区	王平镇
12	张家庄村	门头沟区	清水镇
13	燕家台村	门头沟区	清水镇
14	千军台村	门头沟区	大台街道
15	古北口村	密云区	古北口镇
16	潮关村	密云区	古北口镇
17	河西村	密云区	古北口镇
18	吉家营村	密云区	新城子镇
19	遥桥峪村	密云区	新城子镇
20	小口村	密云区	新城子镇
21	白马关村	密云区	冯家峪镇
22	令公村	密云区	太师屯镇

续表

序号	村落名称	所属区	所属乡镇
23	黄峪口村	密云区	石城镇
24	柳林水村	房山区	史家营乡
25	黑龙关村	房山区	佛子庄乡
26	石窝村	房山区	大石窝镇
27	水峪村	房山区	南窖乡
28	南窖村	房山区	南窖乡
29	宝水村	房山区	蒲洼乡
30	东门营村	延庆区	张山营镇
31	柳沟村	延庆区	张山营镇
32	南天门村	延庆区	珍珠泉乡
33	榆林堡村	延庆区	康庄镇
34	岔道村	延庆区	八达岭镇
35	长峪城村	昌平区	流村镇
36	万娘坟村	昌平区	十三陵镇
37	德陵村	昌平区	十三陵镇
38	康陵村	昌平区	十三陵镇
39	茂陵村	昌平区	十三陵镇
40	车耳营村	海淀区	苏家坨镇
41	张庄村	通州区	漷县镇
42	焦庄户村	顺义区	龙湾屯镇
43	西牛峪村	平谷区	大华山镇
44	杨树底下村	怀柔区	琉璃庙镇

B-1 门头沟区区级文物保护单位（第一批至第五批）

序号	保护单位名称	批次与公布日期	建成年代	类别	所在地区		备注
					镇	村	
1	周自齐墓	第一批 1981.12.12	民国	古墓葬	龙泉镇	城子村	
2	摩崖对联	第一批 1981.12.12	民国	石刻类	妙峰山镇	桃园村	
3	三家店龙王庙	第一批 1981.12.12	清	古建筑	龙泉镇	三家店村	
4	崇化寺碑刻	第一批 1981.12.12	元、明	石刻类	龙泉镇	城子村	
5	通仙观碑刻	第一批 1981.12.12	元、明	石刻类	清水镇	燕家台村	
6	庄士敦"乐静山斋"别墅	第一批 1981.12.12	清	古建筑	妙峰山镇	樱桃沟村	
7	妙峰山娘娘庙及灵官殿	第一批 1981.12.12	明、清	古建筑	妙峰山镇	涧沟村	2021年名称分别调整为妙峰山娘娘庙、涧沟村灵官殿
8	仰山栖隐寺遗址	第一批 1981.12.12	金、清	古遗址	妙峰山镇	南樱桃村	
9	圈门戏楼	第一批 1981.12.12	清	古建筑	龙泉镇	门头口村	
10	大悲岩观音寺遗址	第一批 1981.12.12	明、清	古建筑	斋堂镇	向阳口村	
11	西峰寺载洵地宫及享殿	第一批 1981.12.12	清	古墓葬	永定镇	岢罗坨村	
12	摩崖造像群	第一批 1981.12.12	明	石刻类	永定镇	石佛村	

续表

序号	保护单位名称	批次与公布日期	建成年代	类别	所在地区 镇	所在地区 村	备注
13	桃花庵开山祖师塔	第一批 1981.12.12	明	古建筑	永定镇		
14	八路军平西司令部第一驻地	第一批 1981.12.12	1939年	近现代	斋堂镇	西斋堂村	2021年名称调整为八路军第四纵队旧址
15	魏武定三年刻石	第一批 1981.12.12	北朝东魏	石刻类	王平镇	河北村	
16	斋堂东城门	第一批 1981.12.12	明	古建筑	斋堂镇	东斋堂村	
17	石古岩摩崖石刻	第一批 1981.12.12	明	石刻类	王平镇	西石古崖	
18	耿聚忠墓	第一批 1981.12.12	清	古墓葬	龙泉镇	东龙门村	
19	万佛堂塔	第一批 1981.12.12	明	古建筑	永定镇	万佛堂村	
20	万佛堂过街楼	第二批 1985.12.3	明	古建筑	永定镇	万佛堂村	
21	关帝庙	第二批 1985.12.3	清	古建筑	龙泉镇	琉璃渠村	2021年名称调整为琉璃渠村关帝庙
22	白云岩石殿堂	第二批 1985.12.3	明	古建筑	龙泉镇	赵家洼村	
23	峰口庵关城	第二批 1985.12.3	清	古建筑	龙泉镇		
24	妙峰山正路万缘同善茶棚	第二批 1985.12.3	清	古建筑	龙泉镇	琉璃渠村	
25	圈门过街楼	第二批 1985.12.3	清	古建筑	龙泉镇	门头口村	
26	朝阳庵	第二批 1985.12.3	明	古建筑	军庄镇	东杨坨村	2021年名称调整为东杨坨村朝阳庵

续表

序号	保护单位名称	批次与公布日期	建成年代	类别	所在地区 镇	所在地区 村	备注
27	椒园寺遗址及"龙虎"二柏	第二批 1985.12.3	明	古遗址	龙泉镇	龙泉务村	2021年名称调整为椒园寺遗址
28	天主教堂	第二批 1985.12.3	清	其他类	清水镇	张家铺村	
29	谭鑫培墓	第二批 1985.12.3	民国	古墓类	永定镇		
30	刘鸿瑞宅院（共二处地主庄园）	第二批 1985.12.3	民国	古建筑	永定镇		
31	王平口关城	第二批 1985.12.3	明、清	古建筑	永定镇	王平口村	
32	娘娘庙及戏台	第二批 1985.12.3	清	古建筑	雁翅镇	大村学校	2021年名称调整为大村娘娘庙及戏台
33	龙王观音禅林大殿	第二批 1985.12.3	元、明	古建筑	斋堂镇	马栏村	
34	龙王庙、戏台、柏抱榆、柏抱桑古树	第二批 1985.12.3	明	古建筑	斋堂镇	灵水村	
35	大寒岭关城	第二批 1985.12.3	明、清	古建筑	斋堂镇		
36	密檐宝塔	第二批 1985.12.3	明	古建筑	斋堂镇	西斋堂村	
37	圈门窑神庙	第二批 1985.12.3	清	古建筑	龙泉镇	门头口村	
38	八路军宋邓支队会师地旧址	第三批 1996.7.25	1939年	近现代	清水镇	杜家庄村	
39	挺进军司令部塔河驻地	第三批 1996.7.25	1940年	近现代	清水镇	塔河村	

续表

序号	保护单位名称	批次与公布日期	建成年代	类别	所在地区		备注
					镇	村	
40	昌宛专署党校黄安旧址	第三批 1996.7.25	1946年	近现代	清水镇	黄安村	
41	下苇甸龙王庙	第三批 1996.7.25	清	古建筑	妙峰山镇	下苇甸村	2021年名称调整为下苇甸村龙王庙
42	冀热察军政委员会塔河旧址	第三批 1996.7.25	1940年	近现代	清水镇	塔河村	
43	昌宛专署黄安旧址	第三批 1996.7.25	1939年	近现代	清水镇	黄安村	
44	金代壁画墓	第三批 1996.7.25	金	古墓葬	龙泉镇	育新学校	
45	二郎庙	第四批 1998.11.23	清	古建筑	龙泉镇	三家店村	2021年名称调整为三家店村二郎庙
46	白衣庵	第四批 1998.11.23	清	古建筑	龙泉镇	三家店村	2021年名称调整为三家店村白衣庵
47	中街59号院	第四批 1998.11.23	清	古建筑	龙泉镇	三家店村	
48	过街楼	第四批 1998.11.23	清	古建筑	军庄镇	军庄村	2021年名称调整为军庄村过街楼
49	门头沟区最早的党支部	第四批 1998.11.23	1932年	近现代	雁翅镇	田庄村	
50	东街78号院	第四批 1998.11.23	清	古建筑	龙泉镇	三家店村	
51	宝峰寺	第四批 1998.11.23	清	古建筑	斋堂镇	西斋堂村	
52	冀热察区党委	第四批 1998.11.23	1939年	近现代	斋堂镇	大三里村	2021年名称调整为冀热察区党委旧址

续表

序号	保护单位名称	批次与公布日期	建成年代	类别	所在地区		备注
					镇	村	
53	挺进军十团团部	第四批 1998.11.23	1939年	近现代	斋堂镇	马栏村	
54	石甬居	第四批 1998.11.23	清	古建筑	斋堂镇	川底下村	
55	广亮院	第四批 1998.11.23	清	古建筑	斋堂镇	川底下村	
56	双店院	第四批 1998.11.23	清	古建筑	斋堂镇	川底下村	
57	关帝庙	第四批 1998.11.23	清	古建筑	斋堂镇	川底下村	
58	长城砖窑遗址	第四批 1998.11.23	明	古遗址	斋堂镇	柏峪村	
59	灵水古村落	第五批 2005.9.7	清	古村落	斋堂镇	灵水村	2021年名称调整为灵水村古建筑群
60	碣石古村落	第五批 2005.9.7	清	古村落	雁翅镇	碣石村	2021年名称调整为碣石村龙王庙及观音洞
61	杨家峪古村落	第五批 2005.9.7	清	古村落	斋堂镇	杨家峪村	2021年名称调整为杨家峪村龙王庙
62	牛角岭关城	第五批 2005.9.7	清	古建筑	王平镇	韭园村	
63	关帝庙铁锚寺	第五批 2005.9.7	清	古建筑	龙泉镇	三家店村	
64	北港沟寺庙群	第五批 2005.9.7	清	古建筑	大台街道	北港村	
65	广慧寺	第五批 2005.9.7	清	古建筑	潭柘寺镇	桑榆村	
66	芦潭古道（石佛村—戒台寺段）	第五批 2005.9.7	清	古道	永定镇		

续表

序号	保护单位名称	批次与公布日期	建成年代	类别	所在地区		备注
					镇	村	
67	西山大路北道（牛角岭—韭园村段）	第五批 2005.9.7	清	古道	王平镇		
68	庞潭古道（苛罗坨村—戒台寺段）	第五批 2005.9.7	清	古道	永定镇		
69	卧龙岗遗址	第五批 2005.9.7	新石器	古遗址	永定镇	卧龙岗村	
70	水闸老公路桥	第五批 2005.9.7	1921 年	近现代	龙泉镇		
71	一元春药铺	第五批 2005.9.7	1932 年	近现代	雁翅镇	青白口村	

B-2 门头沟区不可移动文物（寺庙）

序号	名称	所属镇	年代
1	北港沟龙王庙	大台街道	明
2	北港沟娘娘庙	大台街道	明
3	北港沟菩萨庙	大台街道	明
4	禅房村关帝庙遗址	大台街道	
5	禅房村龙王庙遗址	大台街道	明
6	秀峰庵	大台街道	明、清
7	西板桥村关帝庙	大台街道	
8	东板桥村东庵庙遗址	大台街道	
9	毗卢寺遗址	大台街道	明
10	清水涧村龙王庙	大台街道	明
11	三官庙遗址	大台街道	
12	三教宝殿	大台街道	明
13	盛泉岩道观遗址	大台街道	明
14	西桃园村关帝庙	大台街道	清
15	玉皇庙	大台街道	元
16	朝阳庵	军庄镇	明
17	东山村东庵庙	军庄镇	
18	东山村南街2号娘娘庙	军庄镇	明
19	灰峪村关帝庙	军庄镇	
20	军庄村城隍庙	军庄镇	
21	军庄村南安庙	军庄镇	
22	孟悟村东大庙	军庄镇	

续表

序号	名称	所属镇	年代
23	大峪村朝阳庵遗址	龙泉镇	明
24	东辛房村关帝庙	龙泉镇	清
25	琉璃渠村关帝庙	龙泉镇	明
26	龙泉务村洪智寺	龙泉镇	清
27	龙泉务村椒园寺遗址	龙泉镇	明
28	龙泉务村药王庙	龙泉镇	清
29	圈门窑神庙	龙泉镇	清
30	三家店村白衣庵	龙泉镇	唐、清
31	三家店村二郎庙	龙泉镇	明
32	三家店村关帝庙铁锚寺	龙泉镇	明
33	三家店村马王庙	龙泉镇	
34	三家店龙王庙	龙泉镇	明、清
35	天桥浮村三义庙	龙泉镇	明
36	岳家坡村净明寺	龙泉镇	明
37	滴水岩天泉寺	妙峰山镇	明、清
38	担礼村丰光寺	妙峰山镇	
39	涧沟村关帝庙	妙峰山镇	清
40	涧沟村观音庙	妙峰山镇	清
41	涧沟村灵官殿	妙峰山镇	明
42	岭角村地藏菩萨庙	妙峰山镇	清
43	妙峰山娘娘庙及灵官殿	妙峰山镇	清
44	上苇甸村娘娘庙	妙峰山镇	明
45	炭厂村五道庙	妙峰山镇	清
46	桃园村关帝庙	妙峰山镇	清

续表

序号	名称	所属镇	年代
47	下苇甸村五道庙	妙峰山镇	清
48	下苇甸龙王庙	妙峰山镇	清
49	斜河涧村广化寺遗址	妙峰山镇	元
50	仰山栖隐寺遗址	妙峰山镇	金
51	椴木沟新村朝阳寺	清水镇	明
52	齐家庄村弘业寺	清水镇	辽
53	黄安村圣泉寺遗址	清水镇	清
54	李家庄药王庙遗址	清水镇	明
55	齐家庄村灵严寺大殿	清水镇	元、明
56	上清水村双林寺	清水镇	辽、元、明
57	塔河村龙王庙	清水镇	民国
58	田寺村胜泉岩寺	清水镇	明
59	小龙门村关帝庙	清水镇	清
60	小龙门村观音庙	清水镇	明
61	燕家台村通仙观	清水镇	元、明
62	张家庄村兴隆寺	清水镇	明
63	燕家台村张仙港圣泉庵	清水镇	明
64	高桥寺遗址	潭柘寺镇	明
65	古刹天仙宫遗址	潭柘寺镇	明
66	广慧寺	潭柘寺镇	明
67	弘恩寺遗址	潭柘寺镇	明
68	贾沟村五道庙	潭柘寺镇	清
69	孔雀庵	潭柘寺镇	金
70	鲁家滩村关帝庙	潭柘寺镇	

续表

序号	名称	所属镇	年代
71	平原村45号南大庙	潭柘寺镇	
72	平原村五道庙	潭柘寺镇	
73	潭柘寺	潭柘寺镇	晋
74	赵家台村朝阳庵遗址	潭柘寺镇	明
75	安家庄龙王庙	王平镇	
76	安家庄娘娘庙遗址	王平镇	
77	东王平村东庵庙	王平镇	
78	吕家坡村龙岩寺	王平镇	元
79	桥耳涧村关帝庙	王平镇	明
80	桥耳涧村观音庙	王平镇	清
81	桥耳涧村龙王庙	王平镇	清
82	西马各庄村温水峪庙	王平镇	明
83	西落坡村关帝庙	王平镇	
84	西马各庄村关帝庙遗址	王平镇	清
85	白瀑寺	雁翅镇	金
86	大村娘娘庙	雁翅镇	明
87	得胜寺遗址	雁翅镇	明
88	房良村龙王庙	雁翅镇	
89	付家台村关帝庙	雁翅镇	清
90	付家台村龙王庙	雁翅镇	清
91	高台村菩萨庙	雁翅镇	清
92	河南台村关帝庙	雁翅镇	清
93	碣石村观音洞	雁翅镇	
94	碣石村龙王庙	雁翅镇	明

续表

序号	名称	所属镇	年代
95	碣石村圣泉寺	雁翅镇	明
96	山神庙村山神庙	雁翅镇	
97	松树村关帝庙	雁翅镇	清
98	松树村五道庙	雁翅镇	清
99	太子墓村关帝庙	雁翅镇	清
100	太子墓村龙王庙	雁翅镇	清
101	田庄村娘娘庙及崔奶奶庙	雁翅镇	清
102	雁翅镇朝阳庵	雁翅镇	明
103	淤白村龙王庙	雁翅镇	清
104	淤白村马王庙	雁翅镇	清
105	淤白村菩萨庙	雁翅镇	清
106	珠窝村胜泉寺	雁翅镇	明
107	何各庄村太清观	永定镇	明
108	戒台寺	永定镇	隋
109	石厂村朝阳寺	永定镇	明
110	石厂村观音洞石殿	永定镇	
111	石佛村井泉龙王庙遗址	永定镇	
112	石门营村关帝庙	永定镇	清
113	四道桥村龙王庙	永定镇	
114	万佛寺遗址	永定镇	明
115	西峰寺遗址	永定镇	唐
116	圆照禅寺	永定镇	明
117	月严寺遗址	永定镇	明
118	柏山寺	斋堂镇	明

续表

序号	名称	所属镇	年代
119	柏峪寺	斋堂镇	
120	宝峰寺	斋堂镇	辽
121	爨底下村关帝庙	斋堂镇	清
122	大悲岩观音寺	斋堂镇	清
123	东斋堂村二郎庙遗址	斋堂镇	
124	东斋堂村天仙庙	斋堂镇	明
125	黄岭西村菩萨庙	斋堂镇	清
126	军响村庵庙	斋堂镇	
127	黄岭西村灵泉庵	斋堂镇	清
128	灵泉禅寺遗址	斋堂镇	明
129	灵水村龙王庙	斋堂镇	明
130	灵水村马王庙	斋堂镇	清
131	灵水村娘娘庙	斋堂镇	清
132	灵岳寺	斋堂镇	元
133	马栏村观音禅林大殿	斋堂镇	元
134	桑峪村团山禅寺	斋堂镇	明
135	双石头村关帝庙	斋堂镇	
136	杨家峪村龙王庙	斋堂镇	清